Kurt Dworschak

Die Islamisierung des Westens

Kurt Dworschak

Die Islamisierung des Westens

Dictus Publishing

Impressum/Imprint (nur für Deutschland/only for Germany)
Bibliografische Information der Deutschen Nationalbibliothek: Die Deutsche Nationalbibliothek verzeichnet diese Publikation in der Deutschen Nationalbibliografie; detaillierte bibliografische Daten sind im Internet über http://dnb.d-nb.de abrufbar.

Coverbild: www.ingimage.com

Contact:
International Book Market Service Ltd., 17 Rue Meldrum, Beau Bassin, 1713-01 Mauritius
Email: info@omniscriptum.com
Website: www.bookmarketservice.com

Published in 2017

Printed in: U.S.A., U.K., Germany. This book was not produced in Mauritius.
ISBN: 978-620-2-47900-4

Imprint (only for USA, GB)
Bibliographic information published by the Deutsche Nationalbibliothek: The Deutsche Nationalbibliothek lists this publication in the Deutsche Nationalbibliografie; detailed bibliographic data are available in the Internet at http://dnb.d-nb.de.

Cover image: www.ingimage.com

Contact:
International Book Market Service Ltd., 17 Rue Meldrum, Beau Bassin, 1713-01 Mauritius
Email: info@omniscriptum.com
Website: www.bookmarketservice.com

Published in 2017

Printed in: U.S.A., U.K., Germany. This book was not produced in Mauritius.
ISBN: 978-620-2-47900-4

Die Islamisierung des Westens.

Kurt Dworschak

Vorwort

Die Flüchtlingspolitik löst aufgrund der aktuellen Ereignisse derzeit in Europa und speziell in Deutschland bei vielen Menschen berechtigt Sorgen und Bedenken aus, verbunden mit realen Ängsten bei vielen Bürgern. Von der Politik werden diese zwar als unbegründet abgetan, ohne aber dem Volk darauf eine vertrauensbildende Antwort geben.

Das Flüchtlingsproblem wird nicht sobald im Alltagsgeschehen untergehen und damit bedeutungslos. Ich bin der Meinung, dass es dauerhafte Auswirkungen auf den Westen, auf seine Gesellschaft, seine Kultur und Politik haben wird. Zu den dazu vorhandenen Meinungen füge ich noch diese hinzu.

Gedanken über uns Menschen, über unsere geistige, religiöse und kulturell geprägte Verschiedenheit zwischen dem christlichem Abendland und dem Islam sind das Thema dieses Buchs. Die Religion ist daher von zentraler Bedeutung. Ich versuche auch auf die Frage eine Antwort zu geben, ob ein friedliches Nebeneinander von Kulturen, speziell mit dem Islam, auf Dauer ohne Probleme möglich sein kann.

Eine besondere Rolle spielt in der westlichen Welt die Tatsache, dass der Respekt vor der Schöpfung Natur verlorengeht, womit sie mit denen in Konflikt gerät, die an eine Schöpfung durch einen Schöpfer glauben. Wir im Westen glauben, man könnte die Schöpfung selbst in die Hand nehmen und sich zu einem „Teil-Schöpfer“ machen. Wir halten uns für Macher. Und in diesem anmaßenden Glauben kollidieren wir aktuell zunehmend mit dem Islam, der unsere Sicht als Provokation empfindet und uns deshalb (aber nicht nur deshalb) bekämpft. Die begonnene Völkerwanderung verschärft diese Situation und bringt mit seinen Veränderungen unsere scheinbar stabile Ordnung zunehmend in Unordnung.

Welche Entwicklung wir in diesem Widerstreit nehmen könnten, entspringt rationalen Schlussfolgerungen. Es wird wohl niemand bestreiten, dass wir entscheidenden Veränderungen entgegengehen, wobei die ursprüngliche Ost-West-Ideologie zwar existent bleibt aber in den Hintergrund rückt, und eine Westlich-Islamische in den Vordergrund tritt.

Die Geschichte der Hagia Sophia in Istanbul steht für den Inhalt meines Buchs: Aus einer ehemaligen christlichen Kirche wurde eine Moschee.

Ich möchte mich zu Beginn gleich gegen eine eventuelle Unterstellung verwahren, dass ich ein Rechtspopulist sei. Ich habe mit denen nichts zu tun, selbst wenn ich mich ihnen mit manchen Ansichten, oberflächlich gesehen, nähern sollte. Ich halte mich für einen guten Demokraten wie es jeder andere besorgte Bürger auch ist. Wer sich durch meine Ansichten angegriffen fühlt, weil er sich in der jetzigen Lage für einen besseren Menschen, für einen Menschenfreund hält und mich für den

Menschenfeind, der ist nicht willig und nicht fähig, andere Meinungen zu überdenken, disqualifiziert sich damit selbst, denn sie sind nicht willens, auch eine andere Seite zu hören und zu überdenken. Audiatur et altera pars.

Ich mache mir Gedanken und Sorgen um unser Land. Mit Populismus ist man immer dann zur Hand, wenn jemand anderer Meinung ist, die nicht dem Mainstream entspricht, denn die „Mainstreamer" meinen, nur ihre Meinung sei sakrosankt. Arroganz ist das Privileg des Rechthabers. Und das beinhaltet auch der Begriff der Alternativlosigkeit. Wer immer nur mit dem Mainstream mithalten will, hat seine Individualität bereits verloren. *Immer wenn man die Meinung der Mehrheit teilt, ist es Zeit sich zu besinnen* (Mark Twain).

Alsbach, Frühjahr 2017

Inhalt

Zufall oder Schöpfung, das ist hier die Frage.

Der Beginn des 21. Jahrhunderts ist charakterisiert durch zwei nicht zu vereinbarende Extreme: Auf der einen Seite steht der fanatisierte Glaube des Islam, der die vielen derzeitigen Probleme schafft, und auf der anderen Seite steht die materielle Lebensführung des Westens, die sozusagen seine Religion ist.

Das zentrale Thema dieses Buchs beschäftigt sich also nicht mit Syrern, Afghanen Nordafrikanern u. a., sondern mit dem zu uns drängenden Islam. Und dem setzen wir unsere Lebensphilosophie entgegen, die von ihnen verachtet wird. Daher sei zunächst einmal die Frage nach dem Glauben an einen Gott vorangestellt. Obwohl die angesprochenen Überlegungen Grundlage für jede Religion sein sollten, muss man sich allerdings fragen, wie der Islam damit umgeht.

Der Glaube ist somit ein Schlüsselwort, auf das im vorliegenden Kapitel näher eingegangen wird.

Die ewigen Fragen nach dem Wer, Woher und Warum werden mit dem uns zur Verfügung stehenden Wissen und unserer Logik, so sehr man sich darum bemüht hat, nicht zu klären sein. Obwohl seit Jahrhunderten sich diese Fragen immer wieder neu stellen, können wir bis heute keine definitive Antwort darauf geben. Dort, wo der Gläubige die Antworten durch seinen Gott findet, tut es der Materialist mit dem Zufall. Es sind also zwei gegensätzliche und unvereinbare Ansichten, die aufeinanderprallen und uns die Zustände, die wir derzeit haben, bescheren.

Zufall ist also das andere Schlüsselwort in diesem Zusammenhang. Schon seit längerer Zeit hat es Eingang in die exakten Naturwissenschaften gefunden. Auf die zentralen Fragen bekommen wir eben diese Antwort von der Wissenschaft geliefert: alles sei Zufall. Unsere Existenz verdanken wir dem Zufall, ja selbst die Entstehung des Weltalls sei Zufall, die unserer Erde sowieso. Auch der Mensch hat seine Existenz dem Zufall zu verdanken. So sagen es uns zumindest die Wissenschaftler.

Wenn der Mensch etwas erschafft, etwas erfindet, etwas entwickelt, dann steht dahinter immer ein Gedanke, eine Idee. Und so entstehen in unserer Welt von den einfachsten Dingen bis hin zu den kompliziertesten Projekten Werke des menschlichen Geistes. Einer Idee folgt eine vorausschauende Planung, die über die Ausführung bis zur Vollendung eines Werks führt. Niemand käme auf die Idee, hier den Zufall ins Spiel zu bringen.

Erlauben wir uns einen Vergleich mit einem realen Beispiel, um uns danach zu fragen, ob tatsächlich das, überhaupt alles, was wir geschaffen haben, mit Zufall erklärt werden kann. Dann führen wir uns Details von der Entstehung unserer Erde, vom Weltall und der Menschwerdung vor Augen und stellen erneut die Frage, wie wahrscheinlich es ist, dass die um ein Vielfaches kompliziertere Welt-Existenz durch Zufall entstanden sein kann.

Einig ist man sich in den großen Religionen in Bezug auf das All und bei der Entstehung des Lebens auf unserer Erde, dass hierbei kein menschliches Wesen ins Spiel kommen kann. Die Schaffung dieses Seins wäre für eine anthropomorphe Gestalt zig Nummern zu groß. Dafür wäre eine ganz andere Größenordnung erforderlich, etwas ganz Großes, etwas, was selbst unsere Vorstellungskraft weit übersteigt.

Nicht ohne Grund besteht sowohl im Islam als auch in der christlichen Lehre das Bilderverbot (*Du sollst dir kein Bildnis noch irgend ein Gleichnis machen, ...* 2.Mose 20:4), um eine der Fantasie entspringende anthropomorphe göttliche Gestalt auszuschließen. Und dennoch wird, insbesondere in der bildenden Kunst, mit rational fassbaren Bildern gearbeitet, die einen abstrakten Begriff oder besser, etwas nicht zu Definierendes anschaulich machen soll. Die Religionen und natürlich auch die Kunstgeschichte gebrauchen, um etwas begreifbarer zu machen, dennoch Allegorien.

Und wie arbeitet die Wissenschaft? Ein höheres Wesen fehlt in diesem Forschungsbereich selbstverständlich. Um eine überweltliche Kraft oder was auch immer anzunehmen, weicht sie auf den Zufall aus. Und trotzdem arbeitet auch die Wissenschaft mit Spekulationen. Dazu gehört der aktuelle Begriff der Dunklen Energie, die rechnerisch 65% in unserer Welt ausmachen soll. Damit hat sich die Astrophysik ein Phantom erdacht, mit dem sie so manches erklären kann.

Was aber mit der dunklen Energie gemeint ist, wie die dunkle Energie beschaffen ist, wie sie nachzuweisen ist oder ob sie überhaupt existiert, wissen sie selbst nicht. Vielleicht ist es das, was der Gläubige als Kraft Gottes bezeichnet. Hier hätten beide Anschauungen dann einen gemeinsamen Ansatzpunkt.

Nehmen wir einmal die Entstehung eines Hochhauses an. Derzeit ist das Burj Khalifa in Dubai als ein erstaunliches Bauprojekt in aller Munde. Bei diesem Projekt türmen sich Stockwerke über Stockwerke, 163 an der Zahl, 830 Meter hoch, fast einen Kilometer. Was musste bei der Entstehung nicht alles berücksichtigt werden, bevor das Bauwerk stand.

Es begann mit den Fundamenten. Die Standfestigkeit des schweren Kolosses im lockeren Wüstensand musste gründlich berechnet werden, damit es nicht versank oder umstürzte noch ehe es fertig war. Man musste Witterungen, Stürme, Erdbeben, Hitze- und Kältewechsel einkalkulieren, um Stabilität zu garantieren. Man musste Versorgungssysteme integrieren, die bis ins oberste Stockwerk funktionieren, um zum Beispiel Wasser in eine Höhe von 830 Meter zu pumpen, damit auch aus den obersten Etagen Wasser mit entsprechendem Druck aus den Hähnen sprudelt. Stromversorgung und noch vieles mehr war eine Grundvoraussetzung für das

Funktionieren eines solchen Gebäudes. Unendlich viele Dinge waren also überhaupt die Voraussetzung für das Funktionieren dieses Gesamtwerks. Transportwege innerhalb des Prestige-Monsters mussten garantiert sein, und schließlich musste eine „Hausordnung“ her, die das gesellschaftliche und soziale Leben für eine ganze Kleinstadt unter einem Dach regelt.

Das alles war natürlich von keiner einzelnen Person zu bewältigen. Zahlreiche Büros rechneten und planten, bis das Objekt fertig war. Dabei konnte man nicht auf den Zufall hoffen, der bestimmt keinen Beitrag geleistet hätte, und auf den man sicher vergeblich gewartet hätte.

Dieses Beispiel soll zeigen, dass hinter einem *jeden* geschaffenen Menschenwerk eine Idee steht, dem folgt dann ein Plan, der bis ins kleinste Detail ausgearbeitet werden muss, um ihn dann in die Tat umzusetzen. Alles was der Mensch geschaffen hat, entsprang seinem Geist, seiner Idee, nichts hat sich aus dem Zufall ergeben, nichts davon entstand zufällig. Und die Urheber all dieser Werke blieben stets im Hintergrund, es sei denn, sie werden genannt. Warum sollte das bei der Entstehung des Weltalls und bei der Schöpfung von uns Menschen anders gewesen sein?

Da das Ideenspektrum von uns Menschen aufgrund der vielfältigen genetischen Variationsmöglichkeiten entsprechend vielfältig ist, erklärt das schließlich auch die Vielfalt unserer Werke, die der menschliche Geist weltweit ersann. Nichts blieb dem Zufall überlassen, nichts entstand zufällig.

Und so haben wir über die Zeit prächtige Bauwerke, nützliche Maschinen und Lebensformen geschaffen, die unser Leben ständig beförderten.

Aber nicht alles, was dem menschlichen Geist entspringt, bewirkt Positives. Alle Werke, also auch solche Erfindungen und Entwicklungen, die unsere Werke und selbst unsere Spezies bedrohen oder gar zerstören, gehören zu diesem Negativen, was ebenfalls der menschliche Geist ersann. Auch das ist kein Zufall, sondern stets etwas Geplantes.

Kriege führen uns die Sinnlosigkeit der Zerstörung unserer Werke, für die der Mensch selbst verantwortlich ist, vor Augen. Man fragt sich natürlich, welchen Zweck verfolgt er damit. Die Psychologie ist einfach: Der Mensch demonstriert Macht, Herrschaft über den anderen. Diese Eigenschaften sind in ihm von Anfang an vorhanden. Das zeigen uns die Kriege, wobei es immer um ein anderes Land, um Minderheiten, um Einzelne, um Menschen geht, die eine andere Idee, einen anderen Glauben haben, einer anderen Zugehörigkeit entstammen, andere Weltanschauungen vertreten und so weiter. Auch den Serienmörder haben wir darunter, der seine Aggressionen ebenfalls auf die eigene Spezies richtet.

Die Ergebnisse sind immer die gleichen. Das Töten und Zerstören unter dem Deckmantel einer Idee. Zwischen dem Individualmörder, den Serienmördern und den Massenmördern bestehen nur quantitative Unterschiede. Die Unmoral ist bei allen immer die gleiche, mit dem Unterschied, dass der Einzelne nicht die unbeschränkten Möglichkeiten wie der unbarmherzige Despot hat.

Also auch diese Spezies Mensch ist unter uns, gehört zur Vielfalt des menschlichen Seins. Und mit dieser Bipolarität wird die Menschheit weiterhin in die Zukunft gehen, ohne dass sich jemals etwas daran ändern wird.

Nun haben wir es unter den Menschen nicht nur mit Mördern zu tun. Es gibt Menschen, die sich auf Kosten anderer bereichern, intelligente Menschen, die zum Nachteil unserer Spezies forschen, und es gibt Menschen, die verbal oder elektronisch Schaden anrichten. Auch sie gehören zur negativen Seite menschlichen Seins.

Es sei nur daran erinnert, dass es vor den internationalen Abrüstungskonferenzen hieß, dass das ganze Vernichtungspotential, von Menschen erdacht und erschaffen, ausreiche, um das gesamte Leben auf der Erde auszulöschen. Diese Errungenschaft zeigt, wozu der Mensch inzwischen fähig und in der Lage ist, zeigt uns die andere Seite des menschlichen Seins.

Man könnte auch hier die aussichtslose Frage stellen, ohne jemals eine befriedigende Antwort darauf zu bekommen, ob unser genetischer Code absichtlich so angelegt wurde oder ob das zufällig entstanden ist. Tatsache ist, dass dieser Code seit jeher existiert, der uns in die eine oder andere Richtung treibt. Mehr werden wir darüber nie erfahren.

Kompensierend zum Negativen gibt es Gott sei Dank den Gutmenschen. Er will erfreuen, will aufheitern, will unterstützen und helfen, möchte prophetisch auf eine bessere Welt hinweisen, will dafür kämpfen.

In diesem Widerstreit lebt der Mensch seit tausenden von Jahren, und es ist nicht zu erwarten, dass sich daran etwas ändern wird, da es in unserer Gen-Matrix offenbar fest verankert ist, weshalb man bisher, trotz Bemühungen von vielen Seiten, auch nicht das Negative zum Positiven wenden konnte.

Es stellt sich also immer wieder die Frage, ob das zufällig entstanden ist oder ob diese Dualität von gut und böse bewusst herbeigeführt wurde. Entspricht das auch einem Plan, einem göttlichen Plan, den wir nicht verstehen, hinter den wir nicht kommen, nicht kommen können, weil diese Idee, wenn es sie gibt, auf einer anderen, uns nicht zugänglichen Ebene liegt.

Beim Zufall kann man nicht nach einen Sinn fragen. Zufall hat keine kausale Ursache und damit keinen Sinn. Er ist eben da, zufällig entstanden. Glaubt man hingegen an einen Plan, der hinter all dem steht, dann muss auch ein Sinn für das Vorhandene existieren. Ob wir ihn bezogen auf unsere Welt, auf unser Sein verstehen oder erkennen, steht auf einem anderen Blatt, bleibt immer spekulative Interpretation.

Dieser Gedanke führt aber zur Vorstellung von einer übergeordneten Schöpfer-Idee, die von einem Schöpfer aller Dinge ausgehen muss. Auch hier kann man nicht nach dem Sinn fragen, weil eine Welt-Idee, woher sie auch kommen mag, nicht hinterfragt werden kann, weil wir keine Antwort darauf bekommen werden, weil ein Schöpfer aller Dinge für uns kein Auskunftspartner geschweige ein Gesprächspartner ist. Erhielten wir aber eine, würden wir sie vermutlich nicht verstehen, weil wir nur nach unseren menschlichen Kriterien in der Lage sind zu denken und zu urteilen. Eine göttliche Antwort aber käme aus einer anderen Ebene, die jenseits unserer Logik und Vorstellungskraft liegt. Und in einer anderen Dimension können wir mit unserer Logik nun einmal nicht denken.

Und so macht die Frage nach dem Wer, Warum und Weshalb auch keinen Sinn. Wir werden darauf nie eine befriedigende Antwort bekommen.

Wer erschuf die Welt, warum und weshalb entstand sie? Warum sind die vielfältigen Wesen mit den konträren psychologischen Eigenschaften auf unserer Erde vorhanden? Das war Zufall, sagen die einen. Das entsprang einer (göttlichen) Idee, sagen die anderen. Warum wurde der Mensch erschaffen? Etwa um Grausamkeiten zu begehen? Um sie zu zerstören? Alle diese Fragen und viele andere bleiben letztendlich unbeantwortet, müssen es bleiben, weil wir mit diesen Fragen an Grenzen stoßen, wo unsere Logik keine definitive Antwort mehr findet. Bei diesen Fragen kann man sich entweder dem Glauben oder dem Zufall zuwenden, bleibt also immer eine individuelle Entscheidung, die sich weder in die eine noch in die andere Richtung erzwingen lässt.

Mit dem Urknall endete das Nichts. Aus einem *immateriellen* All entstand die Materie. So wird es uns zumindest von den Wissenschaftlern gesagt. Doch wissen sie nicht, ob es schon davor Urknalls gab, denn immerhin existiert die Welt schon ewig und nicht erst seit 13,7 Milliarden Jahren. Etwas muss also dagewesen sein, denn das All war seit jeher, in welcher Form auch immer, vorhanden. Der Urknall wird von der Wissenschaft also auf die Zeit vor 13,7 Milliarden Jahren datiert. Was davor war, weiß keiner, bleibt Spekulation.

Seit diesem Ereignis ist aber sehr viel entstanden, eine Kette ineinandergreifender Entwicklungen. Es formten sich aus dem Nichts allmählich Sonne, Mond und Sterne. Kometen schwirrten als Bruchstücke im Äther herum, und unsere Erde war Teil dieser Entwicklung. Auf der Erde hätte sich kein Leben entwickeln können, hätten nicht Ereignisse stattgefunden, die unseren Planeten in der jetzigen Form entstehen ließ.

Eine Theorie besagt, dass ein großer Asteroid vor langer Zeit auf unsere Erde einschlug, nicht frontal, sondern tangential, sonst wäre die Erde in Bruchstücke zersprungen und kreiste als Meteoritenschwarm um die Sonne. Bei diesem Einschlag wurde sehr viel Erd-Material ins Weltall geschleudert, 380 000 km hoch. Daraus formte sich dann der Mond (Kollisionstheorie). Aufgrund seiner Gravitation stabilisierte er unsere Erdachse, sorgt für Ebbe und Flut, garantiert unsere Jahreszeiten, garantiert das Leben überhaupt in seiner vielfältigen Form.

Damit Leben auf unserer Erde entstehen konnte bedurfte es aber mehr. Die Erde ist weit genug von der Sonne weg, so dass wir keinen extremen Temperaturen ausgesetzt sind. Auf der näheren Venus zur Sonne würde alles zu kochen beginnen und verbrennen, was auf unserer Erde jetzt existiert. Und auf unserem entgegengesetzten Nachbarn, dem Mars, würde alles zu einem Eisklumpen erfrieren. Wir liegen dazwischen. Die Erde umkreist in einer stabilen Neigung die Sonne, was wir unserem Mond verdanken, denn ohne ihn hätten wir ein klimatisches Chaos. Schließlich hat unsere Erde ein Magnetfeld, ohne dem würde Leben wegen der radioaktiven Sonnen- und Weltraumstrahlung wohl kaum existieren. Sie würden alles Leben vernichten. Das waren also entscheidende Voraussetzungen, um Leben zu ermöglichen.

Aber wie entstand das Leben auf der Erde? Man nimmt an, dass Meteoriten, die uns trafen, die Aminosäuren brachten, aus denen sich allmählich DNA bildete, die Grundlage jeglichen Lebens (Meteoritentheorie). Aber wann und wo entstanden die Aminosäuren, wie entstand die doch sehr komplexe DNA. So sehr sich die Wissenschaft auch bemüht, auf all diese Fragen eine einigermaßen plausible Antwort zu geben, so wenig überzeugt ihr scheinbares Heureka.

Wasser ist eine ebenso wichtige, wenn nicht eine Grundvoraussetzung, damit Leben entstehen konnte. Bei der Suche nach außerirdischem Leben ist das Augenmerk der Wissenschaftler daher in erster Linie immer auf sog. habitable Planeten gerichtet, auf denen Wasser vorkommen könnte. Hochentwickeltes Leben wurde trotz intensiver Suche von unseren Astronomen bislang nicht entdeckt.

Da wir es aber mit Milliarden Himmelskörpern zu tun haben, spekulieren die Astronomen aufgrund der Wahrscheinlichkeit, dass es im All durchaus auch Planeten geben müsste, die Leben in irgendeiner Form aufweisen, denn ähnliche Voraussetzungen wie auf der Erde könnten sich in den Weiten des Weltalls bei dieser großen Zahl an Möglichkeiten doch irgendwo wieder finden. Aber könnten sich noch einmal so viele Zufälle wie auf unserer Erde auch woanders wiederholen, um einen anderen bewohnbaren Planeten entstehen zu lassen, könnten sich noch einmal so viele Zufälle sinnvoll aneinanderreihend wiederholen?

Und wie soll das lebensnotwendige Wasser auf die Erde gekommen sein? Auch hierbei ist man einfallsreich. Es wird wiederum angenommen, dass Meteoriten die Erde trafen, die Salze enthielten, worin Wassereinschlüsse gefunden wurden. Aus unendlich vielen salzhaltigen Meteoriteneinschlägen entstanden dann unsere Ozeane (Meteoritentheorie). Inzwischen distanziert man sich wieder von dieser nicht sehr glaubhaften Theorie und nimmt an, dass das Wasser wohl doch irgendwie auf unserem Planeten entstanden ist.

Eine Atmosphäre war schließlich notwendig, in der das für unsere Atmung wichtige Element Sauerstoff und für die Pflanzen das Molekül Kohlendioxyd vorkommt. Es mussten die verschiedensten Elemente, die wir aus dem Periodensystem kennen, entstehen, damit sich organische Materie bilden konnte. Der Sauerstoff unserer Atmosphäre soll von Cyanobakterien stammen, die sich in der Frühzeit aus den angeblich von Meteoriten stammenden Aminosäuren gebildet haben.

Das alles sind Annahmen, deren Gültigkeit Wissenschaftler für möglich halten, die sich aber nicht beweisen lassen. Weitere Voraussetzungen mussten geschaffen werden, damit Leben auf der Erde möglich wurde.

Unsere Atmosphäre hat eine Schutzfunktion für unseren Planeten. Gesteinsbrocken, die auf unsere Erde zufliegen, verglühen größtenteils durch die Reibung in der Atmosphäre. Ohne sie würden tausendfach mehr Asteroiden auf unserem Globus landen und hätte vermutlich kein Leben entstehen lassen. Und wäre nicht der Jupiter mit seiner extrem großen Gravitation (seine Gravitation ist grösser als die Gravitation aller Planeten unseres Sonnensystems zusammen), dann hätten vermutlich Kometeneinschläge unsere Erde schon längst zerstört, denn der Jupiter lenkt viele davon ab. Es waren also millionenfach Entwicklungen notwendig (und viele nicht erwähnte), um unseren Planeten für Leben vorzubereiten.

Und schließlich bildete sich, nachdem das alles vorhanden war, einfachstes Leben. Über Moleküle, die von Meteoriten stammen sollen, entwickelten sich Bakterien und niedere Pflanzen. Daraus entwickelten sich schließlich höhere Lebewesen. Zunächst fand alles im Wasser statt, zog sich dann aufs Land und in die Luft. Entsprechend den Umweltverhältnissen passten sich alle Lebewesen ihrer Umgebung an. Und so entstand in millionenfachen Schritten auch eine Vielfalt an Geschöpfen auf unserer Erde.

Gekrönt wurde diese belebte Erde nun durch eine Schöpfung, die einmalig ist, vielleicht sogar einmalig im ganzen Universum. Das ist der Mensch. Wir haben Verstand, können denken, uns selbst erkennen, wir können planen, erfinden, vorausschauen und zurückschauen, können lieben, hassen und bewusst zerstören. Alle diese Eigenschaften gibt es in der Tierwelt nicht. Selbst wenn die mit „Affenliebe“ erfüllten Menschen das Gegenteil behaupten, so sollte man doch realistisch auf dem Boden der Tatsachen bleiben und akzeptieren, dass diese Eigenschaften und damit wir Menschen einmalig sind. Wir sind als Mensch ein Unikat. Selbst wenn der Bezug zum Affen seit Darwin im Raum steht, so gab es doch einen gravierenden Schritt, eine Zäsur, die ein Lebewesen aus der Daseinsgeschichte heraushob, es als höher entwickeltes Wesen privilegierte. Das sind wir. Wir zeichnen uns zwar nicht durch einen besonderen Körperbau aus, sondern durch eine besondere Fähigkeit unseres Gehirns. Wegen der Anatomie wird von den Anthropologen der Schluss zum Affen gezogen. Ob das tatsächlich so war oder ob hier getrennte oder sogar eigenständige Entwicklungen stattgefunden haben, können wohl auch die Wissenschaftler nicht mit letzter Gewissheit sagen. Dieser Sprung, dass auf einmal ein denkendes Wesen existierte, ist aber einmalig. Über Jahrtausende hinweg sind wir damit konkurrenzlos geblieben, hat kein weiteres Individuum diesen Schritt aufzuweisen, kein Wesen sich dadurch ausgezeichnet. Und im Weltraum hat man trotz intensiver Suche bislang auch noch keine Hinweise auf intelligente Aliens gefunden. Zufall oder Plan?

Aus einer endlosen Reihe von Ereignissen und Entwicklungen über riesige Zeiträume hinweg ist etwas entstanden, das unseren Erdball zu etwas Besonderem macht.

Bevor ein Hochhaus entsteht, müssen tausende Schritte durchdacht, berechnet und abgewogen werden. Kein Mensch wird sich vorstellen, dass ein Hochhaus zufällig entstehen kann. Um wie viel mehr trifft das auf eine noch viel komplexere Entwicklung, auf die Existenz unserer Welt mit uns Menschen zu. Hier haben sich unendlich viele Schritte zu sinnvollen Entwicklungen vollzogen, von denen jeder einzelne ein Zufall gewesen sein soll, also sich Zufall an Zufall in einer endlosen Kette reihte. Können sich Millionen Zufälle aneinandergereiht haben, um das, was uns in seiner Vielfalt letztendlich umgibt, mit Zufall zu erklären? Zwar lässt sich denken, dass zwischen diesen vielen Schritten auch immer wieder „Verbesserungen“ und Anpassungen in das „Entwicklungsmaterial“ aufgenommen wurden, womit Charles Darwin wieder ins Spiel kommt. Das ist jedoch kein Gegenbeweis dafür, der eine Schöpfungstheorie widerlegt. Denn auch dafür bedurfte es einer Idee, einer Überlegung, was nicht unbedingt für den Zufall spricht.

Wäre es vorstellbar, dass wir mit unseren 26 Buchstaben solange würfelten bis die Reihenfolge des kompletten Alphabets zufällig vor unseren Augen entstünde? Kaum vorstellbar. Gott aber würfelt nicht, wie es unser Denker Albert Einstein sagte. Er denkt, plant und erschafft nicht nach unserer, sondern nach seiner Logik.

Unvoreingenommen muss man in der Natur einen Bauplan erkennen. Hinter einem jeden Plan steckt aber auch immer eine Idee. Und eine jede Idee hat einen Ursprung. Wer hinter dieser Idee steht, erkennen wir nicht, erkennen es nicht einmal bei den menschlichen Werken, die uns umgeben, es sei denn, die Urheber werden genannt. Der Mensch versucht sich vorzustellen, woher diese Welt-Idee kommt, wer sich dahinter verbirgt, von wem sie stammt, warum sie so und nicht anders ausgefallen ist.

Du sollst dir kein Gottesbildnis machen, das irgendetwas darstellt am Himmel droben, auf der Erde, unter oder im Wasser unter der Erde, so heißt es in den Zehn Geboten. Die Bibel weist früh darauf hin, dass wir uns über einen Schöpfer keine Gedanken machen sollen, denn unser Vorstellungsvermögen reicht dafür wohl nicht aus. Wir erschaffen uns womöglich ein falsches Bild.

Also auch beim Betrachten unserer Welt lässt sich ein Plan erkennen, muss ein Plan existieren. Die wissenschaftlichen Theorien kann man glauben - oder auch nicht. Einen zwingenden Beweis, dass alles Zufall sei, liefern sie jedoch nicht. Sie bewegen sich im Bereich vieler Theorien, kurz, im Bereich des Glaubens.

Das Hochhaus ist Menschenwerk. Wir sehen es, wissen nicht, wer es erschuf, wissen aber, dass es von Menschen geschaffen wurde. Wir erkennen einen Plan und einen Sinn. Nun geht die Erschaffung der Welt weit über unsere Möglichkeiten hinaus. Es ist einem jeden klar, dass dieses Werk keinem menschlichen Plan entspringen kann. Wir können diesen Plan nicht erfassen, geschweige ihn erkennen oder umsetzen. Er übersteigt unsere Möglichkeiten bei weitem. Wir wissen nicht, woher er stammt und wer ihn erdachte. Man beginnt zu erklären, zu spekulieren und stellt fest: eine definitive Antwort bekommen wir nicht. Wir können nur daran glauben, dass es etwas Höheres geben muss, dass das alles erschuf. Oder wir weichen auf den Zufall aus und glauben an Hypothesen.

Wir sind fixiert auf einen Geist, der an Materie gebundenen ist. Doch ist ein an Materie gebundener Geist bei einem möglichen Schöpfer des Weltalls überhaupt denkbar? Ein *immaterieller* Welt-Geist, ein Weltenlenker, eine Kraft, eine immaterielle Idee, die über allem schwebt, wäre denkbar. Ein Etwas, das wir weder erkennen noch verstehen können, das weder von den Naturgesetzen, noch von Zeit und Raum abhängt, wäre vorstellbar. Wir sind aber gefangen in unserem „logischen" Denken. Die zweite Dimension kann nicht die dritte und die dritte nicht die vierte erfassen und wir nicht eine folgende.

Doch auch unser Geist vermag etwas, was uns selten bewusst wird. Mit der Lichtgeschwindigkeit endet nach den physikalischen Gesetzen das Tempo der Materie. Doch kann der menschliche Geist sich vorstellen, in der Zeitspanne eines Wimpernschlags sich an einen Urlaubsort in Asien oder in Amerika zu versetzen, kann sich vorstellen, auf dem Mond zu sein, also tausende Kilometer entfernt Bilder in Bruchteilen einer Sekunde wachrufen, schneller als es die Lichtgeschwindigkeit vermag. Damit ist unser Geist an keine physikalischen Gesetze gebunden, was unsere Vorstellung von einem möglichen immateriellen Welt-Geist vielleicht etwas greifbarer machen könnte, also ein Geist ohne materielle Bindung.

Denken wir in den menschlichen Sphären an den Maler Wassily Kandinsky, der die Farbe vom Gegenstand befreite und dennoch materielle Werke hinterließ oder in die Musik Arnold Schoenbergs, der sich von der Dur-Moll-Tonalität trennte und die

Zwölftonmusik hervorbrachte, und wir uns bis dato nicht vorstellen konnten, dass das alles losgelöst voneinander existieren könnte. Das sind nur menschliche Werke.

Und so können wir uns auch heute noch nicht vorstellen, das Geist und Materie getrennt voneinander existieren können, denn wir glauben, das die Materie den Geist erschuf und nicht umgekehrt. Das prägte den Materialisten. Mit gleicher Überzeugung ließe sich aber auch sagen, der Geist muss primär dagewesen sein, denn er erschuf aus dem Nichts die Materie, denn diese gab es vorher ja nicht, wie es uns die Wissenschaft vermittelt.

Da wir nicht die Möglichkeit haben, eine über unsere Dimension hinausgehende Realität zu verstehen, bleibt nur der Glaube oder aber der Nicht-Glaube. Ich glaube daran, an eine höhere Idee, an ein höheres Etwas, einen Schöpfer, an einen Gott. Oder ich glaube an den Zufall. Das ist letztendlich bei einem jeden in seine genetische Grundlage gebunden, glauben zu können oder ewig zu zweifeln, denn hier endet die Logik, stößt an ihre Grenze, nämlich dort, wo der Glaube beginnt. Und Glaube ist mit Logik nicht zu ergründen.

Glaubt man aber, dann fragt man nicht mehr nach dem Sinn des Ganzen, denn vergeblich würde man sich bemühen, in eine weitere, uns nicht mehr zugängliche Dimension einzudringen, um sie zu verstehen, um einen Sinn zu erkennen, um einen Welten-Schöpfer und -Lenker zu erfassen. *Du gleichst dem Geist, den Du begreifst,/ Nicht mir!* (Johann Wolfgang v. Goethe).

Wir versuchen Weltall und seine Entstehung zu erklären, wir erforschen den Mikrokosmos bis zu seinen Elementarteilchen. Einen Beweis Gottes oder auch, dass es ihn nicht gibt, gelingt damit ohnehin nicht. Es wird immer nur bei der Beschreibung des Vorhandenen, des Fassbaren, des Deskriptiven bleiben, nicht aber, wer dahinter steht, wer das erschuf, von woher die Idee kommt.

Wenn wir schon Schwierigkeiten beim Verstehen von allem Existierenden haben, vieles davon nicht (oder noch nicht) verstehen und damit unsere Grenzen klar werden, dann kann man für eine höhere Intelligenz, die für alle Schöpfungen verantwortlich sein dürfte, wohl kaum eine erklärende Vorstellung entwickeln, weil diese Existenz einer anderen Sphäre entspringt. Wir machen uns zwar noch eine Vorstellung von der Raum-Zeit-Dimension, dann endet aber unsere Vorstellung. Selbst wenn wir alles verstünden, was uns umgibt, kennen wir noch lange nicht seinen Urheber.

Wenn man des Öfteren zu hören bekommt, dass ein Wissenschaftler tief in die Materie eingedrungen sei, und bislang keinen Hinweis für die Existenz Gott gefunden habe, dann sollte über den Zusammenhang zwischen Werk und Urheber einmal nachgedacht werden. Die Wissenschaft erforscht nur die Sache an sich, das real

Existierende, niemals aber, woher die Idee für das real Existierende kommt, von wem sie stammt. Das wäre ein ergebnisloses Unterfangen.

Alles Sichtbare existiert, ist Tatsache, einschließlich der Mensch. Gut oder Böse, Gott oder Satan, die Antipoden der Welt, die die Welt im Widerstreit beherrschen, sind ebenfalls Tatsachen. Auch sie zu hinterfragen, warum das so und so ist, welcher Sinn sich dahinter verbirgt, geschweige hinter dem, warum wir das und jenes tun, wäre müßig, denn wir können es nicht erklären.

Der Glaube an eine Schöpfung durch einen Schöpfer hat aber zumindest eben soviel Berechtigung wie der Glaube an den Zufall.

Verweilen wir nun beim Menschen selbst mit seinen vielfältigen Taten, mit seinen guten und schlechten und verzichten auf die Frage, warum das so ist. *Diese Frage tue deinem Schöpfer, mir ists genug, dass du's bist* (abgeändert: dass es so ist) William Shakespeare. Zwar versuchten die Menschen diese Bipolarität der Welt in eine monopolare zu verändern. Das geschah mit humanitärem Gedankengut und mit Vorbildern. Doch was hat es über die Jahrhunderte hinweg bewirkt? Ist die Welt friedlicher geworden?

Man sollte sich im Klaren sein, das es eine monopolare Welt, wo alles nur gut ist, nie geben wird. Wir würden uns anmaßen, eine festgelegte Schöpfung verändern zu wollen. Aber wie könnte man zwischen diesen rivalisierenden Polen wenigstens ein Gleichgewicht zu erreichen versuchen?

Mit Gewalt oder Strenge (Gesetze) zu regieren ist die eine Möglichkeit, mit Einsicht in die Notwendigkeit, mit Milde und Fürsorge, die andere. Letztere hat aber stets versagt, was uns die Vergangenheit lehrte. Ein strenges Regime wird andererseits auch nur über einen begrenzten Zeitraum bestehen können bis es wieder verschwindet und durch ein anderes abgelöst wird. Und so wird es bleiben, mal streng, mal weniger streng, nur auf begrenzte Zeit angelegt. Was ist aus dem tausendjährigen Reich geworden? Gerade einmal zwei Jahrzehnte hat es überdauert. Wie vergänglich alles ist, zeigen uns die zahlreichen untergegangenen Weltreiche. Das ist der Gang der Geschichte.

Nicht der Zufall, nicht Gott (abgesehen von den Empfehlungen der verschiedenen Religionen) gibt uns direkt einen Hinweis, wie wir miteinander umgehen sollen. Es kann aber auch nicht im Sinne eines Schöpfers sein, dass die einen im anderen den Feind sehen, den man verachtet, sogar umbringen darf und der andere wiederum zur

Nächstenliebe dieser seiner Mörder aufruft. Es wäre nicht zu verstehen, wenn ein Gott das absichtlich herbeigeführt hätte. Das ist Menschenwerk. Er lässt uns wohl eher freie Hand und will vermutlich zeigen, dass wir Probleme unter uns nicht zu lösen imstande sind. Es könnte ein göttliches Experiment sein, um uns die menschliche Unfähigkeit, die menschliche Begrenztheit zu demonstrieren. Es könnte ein Hinweis darauf sein, dass unser Geist (Verstand) das eigentliche Übel ist. Statt ihn zu benutzen, um mehr Respekt und Demut vor des Schöpfers Schöpfungen zu entwickeln und zu pflegen, benutzen wir den Verstand stattdessen um Probleme immer wieder neu zu generieren oder sich selbst zu einem kleinen Schöpfer der eigenen Schöpfungen zu machen.

Es rivalisiert also stets das Gute mit dem Bösen und auch das Böse mit dem Bösen. Die Resultate hatten nie dauerhaften Bestand gehabt.

Bezogen auf Westeuropa zählen wir seit Jahrzehnten zum friedlichen Kontinent. Wenn alles keinen dauerhaften Bestand hat, was in der Dynamik des Weltgeschehens liegt, dann haben wir logischerweise irgendwann wieder eine andere Zeit zu erwarten. Eine solche Möglichkeit zeichnet sich derzeit ab. Ein Schlaraffenland wird es bestimmt nicht sein. Das kann man mit Sicherheit prophezeien.

Die letzten 70 Jahre lebten wir unter der Schutzmacht USA, lebten in Frieden, was als selbstverständlich betrachtet wurde. 70 Jahre Frieden in unserem Land. Wann hatte es das zuvor gegeben? Nachdem sich keiner an Kriegszustände in unserem Land mehr erinnern konnte oder sie im Vergessen verblasst sind, andere sie nicht erlebt haben, weil sie zu jung oder noch nicht geboren waren, stellten sich parallel dazu sehr naiv wirkende Parolen ein, wie: es käme zum Krieg und keiner ging hin. Solche Sätze sollte man jetzt einmal in Syrien loslassen. Man würde für verrückt gehalten. Diesen Unsinn kann man nur in die Welt setzen, wenn man sich weit weg von Bedrohungen glaubt und die Realität leugnet oder verdrängt.

Ein Kind wiegt sich in Sicherheit, solange es unter dem Schutz der Eltern steht. Es kann sich nicht vorstellen, dass es unter der Schutzmacht Eltern in Gefahr geraten könnte. Deshalb wird es manchmal übermütig, weil es sich in Sicherheit wiegt.

Dieses kindliche Vertrauen stellte sich inzwischen auch bei manchen Erwachsenen ein. In Bezug auf Frieden und Krieg denken etliche auch heute noch so schlicht. Doch die Wirklichkeit sieht anders aus.

Man sollte als Erwachsener statt nur Frieden zu predigen sich vielmehr Gedanken machen, wie ein wirksames Gegengewicht zum Bösen hergestellt werden kann, denn das ist Realität.

Die Welt ist schlecht, von Neid- und Machthunger geprägt. Und das wird so bleiben. Aus diesem Grund werden kriegerische Konflikte nie ausbleiben. Der bekannte

Slogan *Wenn du den Frieden willst, bereite dich auf den Krieg vor* hat unverändert Bestand und scheint eine zeitweise Lösung für die Stabilität der Kräfte von gut und böse zu sein. Zumindest hat es öfter funktioniert als mit frommen Sprüchen auf eine friedvolle Welt zu bauen.

Das 21. Jahrhundert wird ein Jahrhundert des Umbruchs sein. Die Ursache für diesen Umbruch ist, verkürzt gesagt, die Not in weiten Teilen der Welt, verstärkt durch eine wachsende Weltbevölkerung. Daraus resultiert die heute in Gang gekommene Völkerwanderung, weil die Nahrung nicht mehr ausreicht und die Klimaveränderung noch das Ihre dazu beträgt, um den Hunger zu verstärken. So kommt es zu einer Völkerwanderung, insbesondere von dem afrikanischen Kontinent nach Europa.

Wenn in dieser Situation Biologen und Genetiker versuchen, resistentere, ertragreichere, und den lokalen Gegebenheiten angepasste Lebensmittel zu züchten (Gentechnik), um den Hunger in der Welt wenigstens etwas zu mildern, dann treten sofort Teile unserer Bevölkerung in Aktion, die das zu verhindern versuchen. Wie paradox ist doch diese Welt!

Eine andere Ursache für einsetzende Völkerwanderungen sind Kriege. Aktuell sind Glaubenskriege im Vorderen Osten und Nahost die Ursache für die Flucht vieler Menschen. Und so kommen zwei Strömungen zustande, die für eine Überflutung des europäischen Kontinents sorgen. Gemeinsam ist beiden Strömungen aber ihr Glaube. Sie kommen aus islamisch geprägten Ländern. Und das ist ein Problem.

Völkerwanderungen führten zum Untergang von Kulturen. Wie sehr wir an unserer hängen bzw. an einer europäischen ist im Volke unterschiedlich ausgeprägt. Dem einen ist es egal, in welcher Kultur er lebt, solange nicht in seinen gewohnten Lebensablauf eingegriffen wird, der andere beharrt auf seine Identität in einem Umfeld, das ihn bestärkt. Noch herrscht in unserem Raum ein Gleichgewicht. Mit den vielen Zuwanderungen aus fremden Kulturen mit einheitlicher Religion wird sich aber die Waagschale in eine neue Richtung neigen. Das ist unausweichlich.

Und wie wollen wir dem Fremden zeigen, dass auch wir eine alte gewachsene Kultur besitzen, wenn wir diese samt Traditionen kaum noch achten, kaum noch pflegen und hochhalten, zum Teil zerstörerisch damit umgehen. Das tritt in der Weihnachtszeit besonders zutage, indem man überlegt, dem Fest einen anderen Inhalt zu geben, den Weihnachtsbaum abschaffen will, um die „Andren" nicht zu beleidigen. Wir verzichten auf unser Liedgut, auf unsere Literatur, auf unsere Kulturgüter allgemein und greifen lieber auf das von anderen zurück. Der Fremde muss den Eindruck bekommen, dass wir kulturlos sind, dem eigene Sitten und Gebräuchen tatsächlich egal sind oder fehlen. Sie müssen glauben, dass sie uns erst gebracht werden müssten.

Ein Volk, dass seine Kultur nicht mehr pflegt, verblasst. An ihm wird niemand interessiert sein. Es ist ein Niemand in der Geschichte. Es macht sich zur Beute der Traditionsbewussten.

Zunächst breiteten sich die Ur-Menschen in der Welt aus und verteilten sich allmählich über alle Kontinente. Sie schufen sich Lebensgrundlagen, gingen jagen oder bauten Nahrungsmittel an. Es schien sich eine friedliche, ja scheinbar idyllische Entwicklung zu vollziehen. Doch das täuschte. Der Überlebenskampf war in jeder Hinsicht immer hart und stand den Menschen immer vor Augen. Mit dem Menschen kam auch Tod und Verderben.

Aufgrund menschlicher Eigenschaften (Neid, Macht- und Besitzhunger) wurden Kriege geführt. Naturkatastrophen (Erdbeben, Dürrezeiten, Vulkanausbrüche, Überschwemmungen, Krankheiten wie die Pest und vieles mehr) brachten zusätzlich Zerstörung und damit verbundenes Elend. Und diese Ereignisse nehmen weltweit zu, wobei nicht nur die von Menschen gemachten Konflikte anhaltend wiederkehren, sondern auch die Naturveränderungen, die zumindest teilweise auch von Menschen herbeigeführt werden. Auch hier würde keinem das Wort Zufall in den Sinn kommen, denn auch hier ist eine Idee enthalten, auch eine menschliche. Das sollte uns immer wieder einmal zum Nachdenken veranlassen.

Damit komme ich zur Jetztzeit. Was sich zu Beginn des 21. Jh. tut, lässt sich erahnen. Es haben Völkerbewegungen eingesetzt, ausgelöst durch die große Not (Hunger und Kriege) auf den jeweiligen Kontinenten. Selbst Amerikanern bleibt die sich hier abspielende Entwicklung nicht verborgen. Auch sie beschäftigen sich mit dem europäischen Problem, obwohl sie selbst mit anhaltenden Zuwanderungen schon immer Erfahrungen gemacht haben. Sie informieren in ihren Medien über die Wanderrouten von Flüchtlingen nach Europa. In der Monatsausgabe *National Geographic* vom November 2016 wurde ausführlich darüber berichtet. Die Darstellung zeigt die vielen Wandermöglichkeiten nach Europa.

Wir haben also ein echtes europäisches Problem mit unvorstellbaren Flüchtlingsströmen. Obwohl bereits eine Europäische Union mit seinen 28 Staaten existiert, hat sein „Europahaupt“ in Brüssel keinen effizienten Plan entwickelt. Und die schnell einmal zusammengeschusterten Empfehlungen nahmen die meisten Eurostaaten nicht ernst, denn kein Staat will sich in dieser Frage von Brüssels mit halbherzigen Empfehlungen Vorschriften machen lassen.

Die betroffenen Länder, die in erster Linie mit den Flüchtlingsströmen zu tun haben, entwickelten eigene Pläne, die je nach Interessenlage sehr unterschiedlich ausfielen. Vorgehensweisen sind also von Land zu Land verschieden, entsprechend ihren nationalen Interessen. Nicht nur in dieser Frage zeigt sich, dass ein geeintes Europa noch in weiter Ferne liegt. Und wie sieht die Handhabung mit diesem Thema speziell in Deutschland aus?

Wohlgemerkt, es geht nicht primär um die Ablehnung von Flüchtenden bzw. von Menschen, die ihre Heimat verlassen. Es geht in erster Linie um die Angst vor dem Islam, den diese Menschen uns bringen. Denn damit wird ein Konflikt herbeigeführt zwischen einer unversöhnlichen, gewaltbereiten und menschenverachtende Religion und unserem Wohlstandsglauben, der keinen Platz mehr für irgendwelche Religionen hat. Darin ist a priori Sprengstoff enthalten, der früher oder später sich entzündet. Es sähe sicher ganz anders aus, wenn auch wir ein islamischer Kontinent wären.

Diese Religion wird uns Konflikte bringen, wie sie in den Ländern, aus denen sie kommen, herrschen, und wie sie inzwischen auch in der westlichen Welt immer wieder aufflackern. Bei einer Koexistenz, auf dessen Zug selbst die christlichen Kirchen ohne Arg aufspringen, zeigt sich der Islam doch vorerst nur sehr verhalten. Er wird früher oder später immer für Konflikte sorgen. Das beinhaltet schon seine Lehre. Und deshalb sollte dem Islam in der westlichen Welt kein fester Platz eingeräumt werden, bevor die in Gang gekommene Entwicklung nicht mehr aufzuhalten ist.

Ich habe deshalb meine Vorstellung über den Glauben vorangestellt, um zu zeigen, dass Glaube in erster Linie Respekt und Achtung vor der Natur und vor den

Menschen fordert, womit man Achtung einem Schöpfer gegenüber zollt. Das sollte für jede Religion gelten. Es ist unglaublich, dass eine Religion sich auf einen Schöpfer beruft und mit „Feuer und Schwert" ihren Glauben erzwingt, dabei über Leichen geht, selbst zum Töten aufruft, die Sharia das Töten für Gotteslästerung sogar erlaubt, ja sogar fordert und dem Eiferer darüber hinaus verspricht, dass er dafür im Jenseits noch eine Belohnung erhält. Was ist das für eine Religion, die konträr zum Schöpfungsgedanken steht. Wie absurd wäre es, wenn ein Schöpfer über das Sprachrohr Islam tatsächlich aufriefe, seine edelste Schöpfung selbst zu zerstören? Wie anmaßend ist das von einer Religion, die sich dafür allein legitimiert? Damit meine ich nicht allein den IS. Ich meine damit alle islamischen Glaubensaufspaltungen.

Zur Einsicht, dass das Töten (Hexenverbrennungen) und Foltern keine Lösung war, um das Christsein zu erzwingen, kam auch die katholische Kirche in der Zeit der Aufklärung. Sie brauchte lange Zeit, um sich von diesem Irrweg zu distanzieren. Ob aber irgendwann im Rahmen einer Aufklärung auch der Islam dahin käme, den Koran anders zu interpretieren, wird bei den Auslegungen, selbst von kompetenten Kennern, bezweifelt. Auf keinen Fall wird das, wenn überhaupt, von heute auf morgen geschehen.

Dennoch müssen wir uns jetzt mit dem Islam auseinandersetzen, weil er mit den Flüchtlingsströmen nach Europa fließt und unsere Kultur und unser gesellschaftliches Miteinander verändert.

Über Jahrhunderte ist in der westlichen Welt eine Ordnung entstanden, die uns nicht in den Schoß gefallen ist, sondern die teilweise hart erkämpft wurde. Unser gesellschaftliches Miteinander, unsere Kultur, unsere Demokratie und unsere großzügige Toleranz, speziell gegenüber Religionen, sollten wir in der augenblicklichen Zeit nicht durch planloses oder ideologisches Taktieren aufs Spiel setzen, sondern klug damit umgehen.

Auch im Islam müsste sich im Rahmen einer Aufklärung ein Umdenken vollziehen, müsste eine aufgeklärte Bevölkerung heranwachsen, die aber nicht schnell entstehen kann, sondern Jahrzehnte, wenn nicht Jahrhunderte brauchen wird, bis eine Entwicklung, wie sie in der katholischen Religion stattgefunden hat, sich auch hier vollzieht. Ein solcher Schwenk ist nach zwei oder drei Generationen nicht zu erwarten. Dafür sind die Widerstände innerhalb des Islam viel zu groß, denn immerhin müsste die Achtung vor dem Menschen, vor den Ungläubigen, überdacht werden. Und mit diesem Gesinnungswandel ginge ihr ein wesentlicher Treibstoff verloren.

Ehrfurcht und Achtung vor der Natur, vor jeglicher Existenz erfordert Ehrfurcht und Achtung nicht nur vor seinem Schöpfer, sondern auch vor seiner Schöpfung. Und zu dieser Schöpfung gehört nicht zuletzt der Mensch. Das sollte die Basis für jede

Religion sein. Es kann doch nicht sein, dass eine Religion sich göttlich nennt und das Töten seiner Schöpfung erlaubt. Das ist aber im 21. Jahrhundert bei einer Weltreligion Realität, die eine seltsame Vorstellung von der Schöpfung und seinem Schöpfer hat. Wie weit ist aber der Islam von dieser Aussage entfernt, einer Aussage, die für jede Religion die Grundlage sein sollte?

Von einem friedlichen Nebeneinander der Kulturen und Religionen (speziell des Islam) träumen viele Politiker und ihr opportunistisches Klientel. Sie scheinen zu übersehen, dass hier zwei konträre Welten aufeinandertreffen, die an einem friedlichen Miteinander berechtigt Zweifel aufkommen lassen. Dort, wo friedliche Religionen anzutreffen sind, funktioniert meist ein friedliches Miteinander. Da aber die Infiltration und Einflussnahme des Islam im Westen bereits in vollem Gange ist und Veränderungen unserer Gesellschaft und staatlichen Ordnung sichtbar werden, können wir jetzt nur noch auf eine Begrenzung islamischer Einflussnahmen hoffen.

„Die schönen Tage ... sind nun zu Ende“.

Psychische Eigenschaften bestimmen in der Welt das Zusammenleben von Menschen. Diese triviale Aussage wird wohl von einem jeden akzeptiert. Die dafür verantwortlichen Eigenschaften sind in unserem Genom festgelegt, sind uns von Geburt an in die Wiege gelegt und prägen das Wesen jeder einzelnen Person ein Leben lang. Das haben wir von unseren Eltern bekommen und diese wiederum von ihren und so weiter. Diese „Module“ werden dann im Laufe des Lebens mit Inhalten versehen, womit man sich in den Forschungsbereich der Epigenetik hinein bewegt. Damit sind wir weitgehend in unserer Weltsicht und in unserem Verhalten festgelegt, und eine Bekehrung vom Saulus zu Paulus stellt eine Seltenheit dar. Welche Eigenschaften sind es hauptsächlich, die das Zusammenleben entweder konfliktarm oder konfliktreich bestimmen?

In erster Linie ist es die Art und Weise, wie der Mensch auf seine Meinungen beharrt und wie er seine Meinungen umzusetzen vermag. Beharrung erzeugt Widerstand, wie es uns aktuell vorgeführt wird, wo in einer entscheidenden Frage, ob es ein Aufnahmequantum von Flüchtlingen geben sollte oder nicht, Widerstand erzeugt wird, und die „Widerständler“ keine andere Möglichkeit sehen, sich dem rechten Flügel zuzuschlagen, obwohl die meisten nicht dem extremen rechten Flügel angehören, sondern überwiegend im konservativen Lager oder in keinem Lager verankert sind. Oder es kommt zu Gewalt.

Beharrungsvermögen, man könnte manchmal auch Verbohrtheit, Sturheit, Rechthaberei oder was auch immer sagen, ist ein entscheidender Faktor im Zusammenleben von uns Menschen. Aber auch Neid ist ein nicht zu unterschätzender Faktor. Und diese Eigenschaften führen allzu oft zu handfesten Auseinandersetzungen.

Eine weitere Eigenschaft in uns ist aggressiv auf Meinungsverschiedenheiten zu reagieren. Das kann bei einem Teil der Menschen sehr extrem ausgeprägt sein.

In der Praxis stehen uns also zwei Reaktionen, zwei Möglichkeiten zur Verfügung, auf Menschen anderer Meinung zu reagieren. Die eine ist die Bereitschaft, mit Gewalt zu antworten (die Feuerleger in Asylantenheimen) oder stur an einer vorgefassten Meinung festzuhalten, die andere ist die Fähigkeit, den anderen verbal zu überzeugen versuchen. Nun muss man auch wissen, dass es Menschen gibt, die nicht zu überzeugen sind. Das ist ein nicht so seltener Fall. Sie treffen wir in allen Schichten an. Diese Menschen sind auf ihre Meinung festgelegt, beharren darauf, weil sie einem Zwang (in der Politik der Fraktionszwang) unterliegen, oder auch, weil sie ihr Gesicht nicht verlieren wollen oder so sehr von ihren Gedanken überzeugt sind, dass die andere Meinung erst gar nicht in Erwägung gezogen oder durchdacht wird. Oder es sind Eiferer, die sich durch nichts und niemand überzeugen lassen.

Die Art und Weise, wie auf eine andere Meinung reagiert wird, ob man sie akzeptiert oder ablehnt, wird noch durch verschiedene andere Faktoren bestimmt. So spielen scheinbar belanglose Faktoren wie die Angst vor dem Gesichtsverlust, Eitelkeit, Sympathie, Feindseligkeit u. a. m. eine Rolle. Diese Eigenschaften sind bei einem jeden Menschen sehr unterschiedlich entwickelt, was die große Variationsbreite der Reaktionen bedingt. Die Einschätzung, wie ein Individuum aufgrund dieser Variationsbreite reagieren wird, macht es oft unberechenbar.

Damit fangen aber Probleme an, denn aus den Meinungsverschiedenheiten gehen Spannungen hervor, die sich zu Feindschaften verfestigen können. Nicht ohne Grund werden uns zur Überwindung der Feindschaften in allen Kulturen und Religionen Erklärungen und Hilfen dargeboten, und das deshalb, weil diese Probleme weltweit bestehen.

Im Buddhismus heißt es, dass Feindschaft nur durch Feindschaft zustande und durch Freundschaft zur Ruhe kommt, im Hinduismus wird berichtet, dass das Fehlen von Feindseligkeit eine Gabe des Menschen von göttlicher Natur sei, also eine unabwendbare Eigenschaft, ebenso die christliche Lehre, die mit *Liebe deinen Nächsten wie dich selbst* auch zur Feindesliebe aufruft. *Tut Gutes denen, die euch hassen* oder *liebet eure Feinde* (Lukas- und Matthäus-Evangelium). Das alles hat die Menschen nicht im humanitären Sinne verändert. Dazu waren die Menschen global nie bereit, wie man sieht, in keiner Kultur und in keinem Land.

Alle großen Religionen haben bis auf den Islam eine versöhnliche Komponente zum Inhalt. Im Islam dominiert das Unversöhnliche, vielfach das Menschenverachtende. Er kennt weder Toleranz noch Versöhnung.

Lässt man die Vergangenheit in groben Zügen Revue passieren, dann herrscht bei vielen Menschen und zu allen Zeiten eine weitere Eigenschaft vor. Es ist das in uns angelegte Aggressionsverhalten. Das ist bei dem einen mehr, bei dem anderen weniger ausgeprägt. Der eine hat es besser im Griff als der andere.

Gewalt begegnet uns seit den Anfängen der Menschheit. Schon Kain erschlug seinen Bruder Abel aus Neid. Es muss also diese Eigenschaft in uns seit den Anfängen der Menschheit vorhanden gewesen sein, die in unserem Erbgut so fest verankert ist, dass sie bis heute unverändert nachzuweisen ist. Dabei spielt es keine Rolle, mit welchen kausalen Erklärungen uns die Paläontologen, die Evolutionstheoretiker oder wer auch zu überzeugen versuchen, warum das Aggressionsverhalten in uns vorhanden ist. Im allgemeinen wird das mit dem Kampf ums überleben erklärt. Die Tatsache, dass es die Aggression in uns gibt und nicht, warum es sie gibt, ist entscheidend.

Das Aggressionspotential ist in allen möglichen Schattierungen vorhanden, wird als evolutionärer Bestandteil immer bleiben und durch nichts wegzurationalisieren sein.

Alle humanitären, philosophischen, christlichen oder pädagogischen Lehren haben es nicht vermocht, daran etwas zu ändern, haben ihr Ziel nie erreicht. Alle diese Denker sitzen dem gleichen Irrtum auf. Sie sind der Meinung, dass alle Menschen friedfertig sein müssten, weil humanitäres Gedankengut keine Alternative offen lässt. Überzeugt werden aber nur diejenigen, die über ähnliche Wesensstrukturen verfügen, wie diejenigen, die die guten Ratschläge erteilen. Die anderen bleiben davon unbeeindruckt. Und deshalb wird sich daran nichts ändern.

Das Aggressionsverhalten ist genetisch fixiert und epigenetisch geprägt und durch Logik, Zwang und Erziehung nicht zu verändern, geschweige zu beseitigen. Und weil die Menschen damit sehr unterschiedlich „bestückt" sind, also unterschiedliche genetische und epigenetische Prägungen aufweisen, wird man sie nicht zu einem humanitären Gleichschritt bringen und alle Menschen jemals zu einer gewünschten einheitlichen Meinung und Haltung bewegen können.

Es sind also unterschiedliche Voraussetzungen für bestimmte Eigenschaften in uns mehr oder weniger schon bei der Geburt vorhanden. Hätten alle die gleichen Voraussetzungen zum Guten, nur dann gäbe es keine Kriminalität und keine Kriege mehr auf der Welt. Das wird es jedoch nicht geben, ist wegen der vielseitigen Prägungen a priori ausgeschlossen, ist eine Utopie.

Man sollte nicht glauben, dass in unserer aufgeklärten Zeit, in der seit Jahrzehnten scheinbar Frieden herrscht, dass Feindschafts- und Aggressionsverhalten in uns weitgehend verschwunden ist. Es existiert nach wie vor, physisch wie psychisch, bei uns allerdings zu einem "zivilisierten Phänotyp" mutiert, unserer Zivilisation angepasst. Sie ist aber nicht weniger grausam vorhanden.

Die Skala des Mehr oder Weniger gilt für alle unsere Eigenschaften. So wie wir wissen, dass es von der Debilität bis hin zur höchsten Intelligenz eine Vielzahl von Graduierungen gibt oder von einem Unmusikalischem bis zur Gabe eines Mozarts, so können wir bei allen Eigenschaften eines Menschen immer eine geringe oder eine starke Ausprägung finden. Selbstverständlich trifft das auch für die negativen Eigenschaften in uns zu, also auch für die Aggression. Und das macht eine Harmonisierung der Gesellschaft aussichtslos, also unmöglich.

Wir bewundern bei dem einen seine Redegabe, beim anderen sein Verhandlungsgeschick, beim Nächsten seine körperliche Stärke, beim anderen seine wunderbare Stimme, seine Phantasie, sein humanitäres Empfinden, seine Fähigkeit zur Partnerschaft und vieles mehr. Das hängt alles mit Eigenschaften zusammen, die wir ererbt und während des Lebens mit Inhalten gefüllt und perfektioniert haben. Der eine hat davon mehr, der andere weniger.

Zu den positiven Eigenschaften gibt es natürlich auch jeweils das negative Pendant. Das alles ist nicht dem menschlichen Zusammenleben entsprungen, sondern basiert auf genetisch angelegten „Aufnahmeeinheiten", die im Gehirn morphologisch einen festen Platz einnehmen und sich der jeweiligen Zeit angepasst haben oder durch äußere Einflüsse geprägt sind. Diese Bereiche werden also im Laufe des Lebens mit Wissens- und Erfahrungswerten gefüllt, mit zivilisatorischen, wissenschaftlichen, religiösen, künstlerischen u. a. Inhalten, je nachdem wie und wozu der Betreffende seine speziellen Voraussetzungen dafür mitgebracht hat und in welchem Umfeld er aufgewachsen ist. Das ist seit Jahren das Forschungsgebiet der Epigenetik.

Speziell im Zwischenhirn fand Walter Rudolf Hess eine Region, die u. a. für die Aggression verantwortlich ist. Für die Erforschung der Aufgaben des Zwischenhirns erhielt er 1949 den Nobelpreis.

So wie ein Behälter bereits mit einem Eimer Wasser bis zum Rand aufgefüllt werden kann, so kann dieser bei einem anderen zwei, drei und mehr Eimer fassen. Es kommt also auf das Fassungsvermögen des ererbten Behälters an. Das Fassungsvermögen des Behälters ist in unserer Erbsubstanz für jede Funktion festgelegt, was bei den Nachkommen durch Kombination mit anderem Genmaterial durchaus zu größeren, aber auch zu kleineren Behältern führen kann. Das Fassungsvermögen eines Behälters kann sich durch die Vererbung in beide Richtungen verändern. Er kann sowohl größer als auch kleiner werden. Schon J. W. v. Goethe sagte im Faust I: *Ein jeder lernt nur, was er lernen kann.*

Dieser simple Vergleich mit einem Behälter soll aber veranschaulichen, dass aus einem kleinen Behälter, hat man ihn erst einmal mit der Geburt erhalten, kein großer gemacht werden kann. Das glauben zwar viele Pädagogen. Aber das geht nicht. Man kann nur versuchen, ein jedes genetisch festgelegte Fassungsvermögen, sei es groß oder klein, optimal zu füllen. Das ist Aufgabe von Eltern, Schule und Gesellschaft.

Werfen wir einen weiteren Blick auf eine andere psychische Eigenschaft des Menschen, auf die des Fanatismus. Das Wort fanatisch kommt vom lateinischen fanaticus und bedeutet göttlich inspiriert. Heute bringt man das in der westlichen Welt natürlich nicht mehr mit dem Göttlichen in Zusammenhang, die islamische Welt allerdings schon. Dabei geht man von einer Besessenheit, von einer Idee, einem Objekt, einer Person etc. aus. In der muslimischen Welt wird der Fanatismus von den Gläubigen nahezu gefordert, die Religion zwingt einen Muslim förmlich dazu. Muslim bedeutet nämlich der sich (Gott) Unterwerfende, wie auch die Bedeutung des Islam als Hingabe auf den einzigen Gott, ihren Gott, verstanden wird. Wer sich also nicht seinem Gott unterwirft, ist ein Abtrünniger, ein Ungläubiger. Selbstverständlich gehören auch wir Christen zu dieser Sorte Mensch.

Immerhin ist das Christentum noch die größte Religion in der Welt, wird es aber bald nicht mehr sein, wenn die Ausbreitung des Islam durch die christlichen Kirchen weiterhin unterstützt wird. Und Kirchenaustritte tragen noch das Ihre dazu bei. Vielleicht auch deshalb sind wir für die Moslems die Ungläubigen, weil wir keinen religiösen Glauben mehr besitzen, sondern uns mehr dem Glauben an das Materielle zuwenden.

Der Moslem hält seine Religion für die einzig wahre. Er fühlt sich zur Weltherrschaft berufen, strebt einen islamischen Staat an, ein Weltreich, frei von Ungläubigen. Davon träumen in der islamischen Welt viele, sicher auch das saudi-arabische Königshaus. Ihnen arbeitet der IS zu, sympathisiert mit ihm, und deshalb unterstützt das Königshaus den IS mit Geld und Waffen, die wir ihnen wiederum liefern. Eine paradoxe Welt. Gläubige Muslime sind also á priori epigenetisch mit Fanatismus „aufgefüllt“ worden.

Fanatismus, in welcher Kultur oder Religion auch immer, hat nicht unbedingt etwas mit niedriger Intelligenz zu tun. Die orthodoxen Juden, überwiegend fanatisch in ihrem Glauben, sind oft hochgebildete Menschen. Der Fanatismus ist also ein Behälter und der der Intelligenz ein anderer. Fanatismus ist aber ein menschliches Phänomen und kein religiöses. Die Religion ist nur ein Treibstoff für den Fanatismus. In allen Interessenverbänden gibt es einen solchen Treibstoff, der bei dem einen mehr, bei dem anderen weniger wirksam ist. Er findet sich unter Tierschützern, Veganern, Umweltaktivisten, Politikern und so weiter.

Hätten alle Menschen große „Fanatismus-Behälter“ und wären sie immer randvoll gefüllt, dann wäre das Unheil in der Welt noch unerträglicher. Das ist aber Gott sei Dank nicht der Fall, denn bei vielen dominiert auch Toleranz.

Zwar wird ein Christ seine Religion auch nicht verleugnen, ebenso der Jude oder ein anderer Gläubiger, auch fordern die meisten Religionen nicht, andere als Ungläubige mit entsprechenden Konsequenzen zu verurteilen. Doch wird die Akzeptanz bei dem einen oder anderen für seine Religion größer oder geringer sein. Nicht nur Christen neigen aufgrund der Nächstenliebe zur Toleranz, zur Akzeptanz von Andersgläubigen, so wie es in einer Gesellschaft auch viele nichtreligiöse Menschen gibt, die tolerant sind. Und so gibt es Menschen, bei denen die „Toleranz-Behälter“ entweder gefüllt bzw. wenig gefüllt sind, oder von vornherein entweder als ein kleiner oder als ein großer angelegt sind. Und diese Variabilität wird uns in der aktuellen Flüchtlingskrise in allen Ausprägungen tagtäglich vor Augen geführt.

Du sollst deinen Nächsten lieben wie dich selbst. Diesem hohen Anspruch wurde selbst das Christentum vielfach nicht gerecht. Inzwischen wurde dieses Evangelium von den Theologen zwar mehrfach uminterpretiert, erfuhr über die Jahrhunderte hinweg immer wieder einen steten Wandel, und dennoch hat dieser utopische Gedanke bis heute nichts bewirkt. Die Nächstenliebe, die auch die Eigenliebe beinhaltet (Liebe deinen Nächsten wie dich selbst), rief auch die Skeptiker auf den Plan. Nietzsche traute der Nächstenliebe ohnehin nicht über den Weg. Selbst Luther sprach in diesem Zusammenhang nicht von Nächstenliebe, sondern vom Eigenhass.

Und so wurde die Matthäus-Aussage, auch aufgrund der Entwicklung des gesellschaftlichen Miteinanders, bis heute immer wieder neu formuliert.

Die Nächstenliebe, die in der heutigen Willkommenskultur bei vielen Menschen vermutet wird, hat damit aber nicht unbedingt etwas zu tun, obwohl die kirchlichen Institutionen diesen Gedanken zu vermitteln versuchen. Es steckt dahinter der Gedanke an eine potentielle Arbeitskraft, die Hoffnung auf eine Verjüngung der Gesellschaft, die Bereicherung durch eine andere Kultur usw.. Es wäre in diesem Zusammenhang besser von einer Nutzfreundschaft zu sprechen, wie es der Philosoph Wilhelm Schmid (Dem Leben Sinn geben, 2015, S. 199) beschreibt. Diese beinhaltet nicht das selbstlose Geben, sondern ein Geben und Nehmen. Der Empfänger erhält, und der Gastgeber erwartet bei nächster Gelegenheit, dass auch er etwas bekommt, dass er etwas vom Nehmer zurückerhält.

Es muss bei dem hier zu besprechenden Thema selbstverständlich auch auf die Eigenschaft der Toleranz Bezug genommen werden. „Toleranz, auch Duldsamkeit, ist allgemein ein Geltenlassen und Gewährenlassen fremder Überzeugungen, Handlungsweisen und Sitten. Das zugrundeliegende Verb *tolerieren* wurde erst im 16. Jahrhundert aus dem lateinischen tolerare (erdulden, ertragen) entlehnt. Das Adjektiv tolerant (duldsam, nachsichtig, großzügig, weitherzig) ist noch später, seit dem 18. Jahrhundert, der Zeit der Aufklärung, belegt, ebenso die Gegenbildung intolerant, als unduldsam, keine andere Meinung oder Weltanschauung gelten lassend als die eigene“ (Wikipedia).

Die Praxis zeigt uns, dass auch diese Behälter bei den Menschen sehr unterschiedlich groß sein können. Besonders in der aktuellen Flüchtlingskrise zeigen sich diese Unterschiede sehr deutlich. Es gibt Menschen mit großer und Menschen mit geringer Toleranz. Letztere in diesem Zusammenhang zu verurteilen würde bedeuten, dass man jeden mit gering oder schlecht ausgeprägter Toleranz verurteilt, weil er nach unseren moralischen Regeln ein angeborenes „Defizit“ hat, womit wir uns den Ideen der Eugenik näherten, insbesondere dann, wenn zusätzlich noch aggressive Tendenzen die Menschen auffällig werden lassen. Diese Menschen hat die Natur benachteiligt.

Nun ist es Aufgabe eines Staates, Menschen mit geringer Toleranz und ausgeprägter Aggressivität mit rechtstaatlichen Mitteln vom eventuell unakzeptablen Agieren fernzuhalten, damit diese Eigenschaften nicht außer Rand und Band geraten und eine Dominanz erreichen. Dass man sich in diesem Falle mit Überzeugungsarbeit schwer tut, zeigen uns die gutgemeinten Resozialisierungsmaßnahmen. Dennoch müssen sie zum Schutz der Opfer aufwendig betrieben werden.

Wir können also festhalten, dass das Wesen eines Volkes epigenetisch so geprägt ist, dass erzieherische Maßnahmen bei Erwachsenen, die einmal durch ihr Umfeld geprägt wurden, später nur noch wenig verändert werden kann. Anpassungen erreicht man dann nur durch äußeren Zwang und nicht durch Einsicht. Das gibt es im Einzelfall zwar auch, doch ist das eine Minderheit. Und so leben andere Kulturen, Religionen und Gesellschaften angepasst in unserem Land, aber nicht, weil sie zur Einsicht gekommen wären, dass auch unsere Religion und unser gesellschaftliches Zusammenleben ein akzeptables Miteinander erlaube. Nein. Sie leben parallel in unserer Gesellschaft, also weniger unter uns, vielmehr neben uns. Das sind die Parallelgesellschaften.

Soweit zu den psychischen Eigenschaften, die insbesondere in der augenblicklichen Flüchtlingskrise eine eminente Rolle spielen und das Handeln der Menschen bestimmen.

Darüber hinaus sind noch bestimmte Bestrebungen in jeder Religion vorhanden, nämlich, die Welt zu missionieren. Das trifft selbstverständlich auch auf den Islam zu. Dazu sei ein kurzer Abriss der Historie des Islam erlaubt.

Es stellt sich zunächst die Frage, warum der Islam jetzt wieder in christliche Regionen vordringt und Aufnahme findet. Geschieht das nur, weil der Wunsch nach Frieden und Wohlstand bei der Bevölkerung dieser Länder vorherrscht, was sie bei uns erhoffen, oder weil wir sie eingeladen haben mit der großzügigen Geste *Wir schaffen das,* oder weil bei uns der Wunsch nach Multikulti nach wie vor ein politisches Anliegen ist? Oder handelt es sich jetzt vielleicht doch um ein neues Phänomen, das in dieser Form beispiellos in der Geschichte ist? Sicher spielt von allem davon etwas hinein.

Schon die Mauren, eine Bevölkerung Nordafrikas, wurden im 7. Jahrhundert von den Arabern islamisiert. Von dort expandierten sie zur iberischen Halbinsel. Im 8. Jh. drangen sie sogar bis ins heutige Frankreich vor. Unter dem Franken Karl Martell begann dann allmählich die Rückeroberung, und von nun an setzte Stück für Stück die Rückeroberung ein, die Roconquista, die dann mehrere hundert Jahre dauerte. Unter Ferdinand von Aragon und Isabella von Kastilien fiel 1492 die letzte islamische Festung Granada. Damit waren Spanien und somit Europa wieder ein christliches Land.

Dann kam erneute die islamische Bedrohung auf Europa zugerollt. Sie kam aus dem Osten. Es waren die Türken, die versuchten, ins christliche Abendland vorzudringen.

Die erste Wiener Türkenbelagerung war ein Höhepunkt der Türkenkriege zwischen dem Osmanischen Reich und den christlichen Staaten Europas. Im Jahre 1529 hatten türkische Truppen wochenlang unter dem Kommando von Sultan Süleyman I Wien belagert. Sie mussten ihren Versuch zur Einnahme der Stadt wegen schlechten Wetters und des daraus resultierenden fehlenden Nachschubs abbrechen.

Der Großwesir und Oberbefehlshaber Kara Mustafa versuchte dann ein zweites Mal 1683 mit seinen Truppen des Osmanischen Reichs, also etwa 150 Jahre später, die Kaiserstadt Wien zu erobern und das Tor nach Zentral- bzw. Westeuropa aufzustoßen. Die kaiserliche Gegenoffensive konnte das abwenden.

In neuerer Zeit reicht der radikale Islam, der der Welt Terror und Verderben brachte, bis ins 18. Jh. zurück. Nach dem Erweckungsprediger Mohammed Ibn Abd al-Wahhab ist der Wahhabismus benannt. Diese fundamentale Sekte des Islam wäre sicher eine unbedeutende Abspaltung des Islam geblieben, wenn sie sich nicht mit dem Stamm Al-Saud verbündet hätte. Mit dieser mächtigen Dynastie, die besonders zu Beginn des 20. Jh. durch ihren Erdölreichtum an Bedeutung und Einflussnahme gewann, entwickelte sie sich zu einer der grausamsten Mordmaschinerien im Nahen und Mittleren Osten.

Die Tragik an dieser Geschichte ist, dass an diesem Erstarken des wahhabitischen Staates (Saudi Arabien) der Amerikaner eine ganz entscheidende Rolle spielte, denn aus diesem Schlund krochen sowohl der Dschihad als auch der IS. Man könnte zynisch bemerken, dass sich die Amerikaner 9/11 selbst zuzuschreiben haben, weil sie nicht in den zurückliegenden Jahrzehnten eine weitsichtigere, klügere und geschichtsunkundigere Politik betrieben haben.

Der Expansionsdrang, meist gewaltsam ausgeführt, ist seit jeher ein unverkennbares Markenzeichen des Islam. Dazu kommt ein abgrundtiefer Hass innerhalb der Glaubensaufspaltungen.

Wer die politischen Zusammenhänge und Entwicklungen von Afghanistan über die nordafrikanische Revolte bis Nahost genauer verstehen möchte, dem sei das Buch *Wer den Wind sät* von Michael Lüders, dem kundigen Nahost-Korrespondenten der Wochenzeitung DIE ZEIT, empfohlen. Wohlgemerkt, überall hatte in den letzten Jahren die Amerikaner ihre Hand im Spiel. Ein jedes Mal hinterließen sie in den Ländern, wo sie sich einmischten, Chaos.

Eine weitere Überlegung zum Verständnis des grausamen Verhaltens innerhalb des Islam, also zwischen den Sunniten, sprich Wahhabiten, und den Schiiten, muss sich richten auf die historischen Mörderschwadrone der Wahhabiten, die bis Persien tausende Menschen, meist Schiiten, im Namens Allahs umbrachten.

Wie man sieht, setzen die Saudis das Werk fort. Es besteht ein abgrundtiefer Hass zwischen diesen Religionen, dazu kommen noch die unterschiedlichen Interessen der Kurden auf türkischem, syrischem und irakischem Gebiet, so dass eine schier unübersehbare Lage zwischen all denen entstanden ist. Diese verfeindeten Lager zu befrieden kommt einer Quadratur des Kreises gleich, ist also nahezu unmöglich, wie uns die Geschichte lehrt. Unter dem Überbegriff Islam werden uns die dominierenden Eigenschaften Intoleranz, Unversöhnlichkeit und Grausamkeit vor Augen geführt, und diese Eigenschaften sind selbst in den islamischen Aufspaltungen untereinander vorhanden.

Und eines sollte bei dieser Betrachtung nicht außer Acht gelassen werden. Überall in der islamischen Welt, wo versucht wurde, durch Umsturz eine Annäherung an die Demokratie zu erreichen, scheiterten diese Bestrebungen. Unruhen verlagerten sich auf andere Gruppierungen. Erst als das Heft wieder durch Militärs oder dem Islam in die Hand genommen wurde, trat aufgrund radikaler Herrschaften wieder Ruhe und eine gewisse Ordnung ein. Das beweist, dass die Mehrheit in der islamischen Welt (noch) gar nicht demokratiefähig ist. Es reicht nicht, etwas zu beseitigen und dann zu hoffen, das Übrige wird sich schon von selbst einstellen.

Das Einmischen durch Externe hat bislang nur zu Instabilitäten geführt. Aus dem Sumpf muss sich ein jedes Volk selbst ziehen. Und das kann nur gelingen, wenn eine Abkehr von den strengen Strukturen, insbesondere von den islamischen Strukturen als Staatsform aus den Köpfen der breiten Masse verschwindet. Von außen kann man das nicht lenken. Und durch die Etablierung des Islam im Westen verlagern wir seine Probleme zusätzlich noch zu uns. Das sollten wir inzwischen verstanden haben.

Es wird aber lange Zeit brauchen, bis sich ein solches Bewusstsein gebildet hat, dass dann auch stark genug sein muss, um sich gegen die Diktaturen erfolgreich zu erheben. Das bedeutet aber auch, dass eine Hinwendung zur Demokratie nur durch eine Abkehr vom Islam als Staatsform – Trennung von Kirche und Staat – möglich ist. Wie wahrscheinlich wird das aber in den nächsten hundert Jahren sein? Bis dahin wird man wohl oder übel die bisherigen Staatsformen akzeptieren müssen.

Nach dieser stark verkürzten Charakterisierung einer Religion mit seinen Anhängern lenken wir nun unser Augenmerk auf das aktuelle Geschehen, auf den Vorderen und Nahen Osten und auf Nordafrika.

Es sollte nicht schwerfallen, alle erwähnten Charakteristika einzuordnen, seien es individuelle oder die in einer gesellschaftlichen oder religiösen Gruppe. Der Islam jedenfalls steht bezüglich der Intoleranz ganz oben, wie uns Saudi Arabien erst kürzlich vorgeführt hat, indem 47 Muslime an einem Tag hingerichtet wurden, darunter der Scheich Nimr al-Nimr. Bemerkenswert ist, dass es sich dabei ausschließlich um Muslime und nicht um Christen handelte, allerdings waren es

Schiiten und nicht Sunniten wie die Saudis, die sich für die wahren Nachfolger Mohammeds halten. Selbst innerhalb von Glaubensbrüdern existiert also Intoleranz in höchstem Maße.

Werfen wir also einen Blick auf die aktuelle Situation, auf den Flüchtlingsstrom der Muslime und die damit importierten Probleme.

Es drängt sich zunächst die berechtigte Frage auf: Wie viel wird im konkreten Falle der Geber jemals von den zahlreichen Nehmern zurückerhalten? Der kürzlich aus seinem Amt ausgeschiedene Ökonom Hans-Werner Sinn, Hochschullehrer und Präsident des ifo Instituts für Wirtschaftsforschung, äußerte sich dahingehend, dass etwa 80 % nicht integrierbar seien. Niedrig geschätzt sind bisher in unserem Land ca. 1,5 Millionen Flüchtlinge, d. h. ca. 1,2 Millionen werden unsere Sozialsysteme in Anspruch nehmen, werden uns also weiterhin etwas nehmen, statt uns etwas zu geben. Und bei dieser Zahl wird es nicht bleiben, denn nach wie vor strömen Flüchtlinge nach Deutschland, ein Ende ist nicht abzusehen und die Zahl derer, die zurückgeschickt werden, ist lächerlich klein gegenüber denen, die hereinströmen.

Der Ökonom George Borjas, einst selbst kubanischer Flüchtling, jetzt Harvard-Professor, ist der Meinung, dass Deutschland die Kontrolle über seine Grenzen verloren hat, ja selbst Europa habe die Kontrolle in der Flüchtlingskrise verloren. Deutschland sei mit den Flüchtlingsströmen überfordert, und wenn die Zuwanderung nicht in den Griff zu bekommen ist, wird dieser Kontrollverlust soziale und politische Konsequenzen haben. Es erstarken dann Kräfte, die die politische Landschaft völlig verändern könnten.

Inzwischen ist ein Rückgang der Flüchtlingszahlen auf der Balkanroute erreicht worden. Das ist aber nicht das Verdienst von Deutschland oder der EU. Es ist das Verdienst von einigen EU-Staaten, die durch strenge nationale Alleingänge dieses Ergebnis aus Selbsterhaltung heraus erzwangen. Der Deal mit dem türkischen Staatspräsidenten Erdogan ist dabei ein sehr zweifelhaftes Unternehmen. Dafür strömen inzwischen Flüchtlinge in großer Zahl vom nordafrikanischen Kontinent zu uns.

Es bleibt nun abzuwarten, ob und wann sich neue Flüchtlingsrouten generieren. Wenn die Wetterverhältnisse bis zum Sommer wieder besser werden, ist erneut ein Ansturm zu erwarten, besonders vom nordafrikanischen Kontinent, nachdem die Balkanroute weitgehend dicht gemacht wurde.

Schon deshalb sind jetzt strengste Aufnahmeregeln unumgänglich. Kein Land kann Millionen von Zuwanderern integrieren. Die aber sind um Europa herum in dieser Zahl in Wartestellung.

Wie weit soll also diese Akzeptanz, diese Nächstenliebe, diese Willkommenskultur, diese Nutzfreundschaft gehen? Darf sie so weit gehen, dass man sich selbst zugrunde richtet? Das wäre eine selbstlose Nächstenliebe, die letztlich Vorhandenes zerstört. Oder sollte die Nächstenliebe nicht vielmehr auf das Teilen mit dem Nächsten hinauslaufen, ohne sich selbst zu zerstören? Eine schlichte rechnerische Überlegung also, denn sie setzt eine Begrenzung voraus, die nur einer bestimmten Zahl zugute kommen kann, will man nicht selbst in Bälde auf mildtätige Hilfe angewiesen sein. Was hätte man damit erreicht? Wäre man dann noch in der Lage, die Willkommenskultur (kommt nur, wir schaffen das schon) auszuüben? Nein. Man würde die Zahl derer, die Nächstenliebe suchen und die Nächstenliebe brauchen, zum eigenen Nachteil vermehren. Oder wie es der Philosoph Peter Sloterdijk auf den Punkt bringt: *Es gibt keine moralische Pflicht zur Selbstzerstörung.*

Was ist eigentlich die Rechtsgrundlage für die Einladungspolitik der Bundeskanzlerin, fragte sich der Rechtsgelehrte Professor Josef Isensee.

Es ist auch nicht sehr hilfreich, wenn die Kirchenoberen ihre Christen mahnen, sie sollten an ihren Grundfesten festhalten, die Nächstenliebe über alles stellen. Wenn der Ratsvorsitzende der EKD Heinrich Bedford-Strohm diejenigen Christen als „kleingläubig" abtut, die nicht auf der Welle der Willkommenskultur schwimmen, stattdessen seine Schäfchen ermuntert *Trauen wir unserem Glauben so wenig zu, dass wir befürchten müssen, bei 50 Millionen Christen könnte durch ein, zwei oder drei Millionen Muslime in Deutschland die christliche Kultur verschwinden*, gerade dann wird das von einem Teil der Bürger als Bevormundung empfunden. Einen gläubigen Muslim beeindrucken unsere westlichen oder christlichen Denkweisen und Folgerungen ohnehin nicht.

Schätzungsweise leben jetzt, niedrig gerechnet, 5 Millionen Muslime in Deutschland. Die beiden großen christlichen Kirchen haben knapp 50 Millionen Mitglieder. Legt man die Kirchenaustritte zugrunde und die anhaltenden Zuwanderungen, dann verschiebt sich das Verhältnis allmählich weiter zugunsten der Muslime. Das ist nur ein Anfang, den man nicht bagatellisieren sollte.

Mit welchen konstruktiven Vorschlägen tragen denn die christlichen Kirchen zur Flüchtlingskrise etwas bei, außer, dass sie verbal all die Anlandenden aufnehmen würden, die hier stranden? Sie verfügen lediglich über eine geschliffene Rhetorik, in der die Schlagwörter Menschenwürde, Demokratie, Grundrechte und vergleichbare Wörter in ihren Reden und Predigten zur Nächstenliebe aufrufen, ohne auch nur einen Ansatz einer praktikablen Lösungen anzubieten, außer ihre Aufnahmefreudigkeit unermüdlich zu betonen. Es kommen keine Vorschläge, weder zum gesellschaftlich Notwendigen noch zum volkswirtschaftlich Machbaren. Fromme Sprüche enthalten nie eine praktikable Lösung.

Und wenn unsere Kirchenoberhäupter auf unsere mühsam gestaltete Demokratie seit nun mehr 70 Jahren verweisen, auf die wir natürlich stolz sein können und die wir uns erhalten sollten, dann kann das nur mit einer selektierten Zuwanderung geschehen, denn die Zunahme des Islam in unserem Land durch großzügiges Auffangen wird keine Garantie für die Stabilität unserer Demokratie sein.

Zur Einmischung in Politik und Wirtschaft von Seiten der EKD äußerte sich Wolfgang Schäuble in diesem Zusammenhang dahingehend, dass politische Äußerungen, losgelöst von ihrem eigentlichen „spirituellen Kern", „schal" und „rechthaberisch" wirken, und manchmal schössen sie auch über das Ziel hinaus. Das sollte man besser lassen.

Die syrische Beobachtungsstelle für Menschenrechte in Syrien schätzt die Zahl der IS-Kämpfer auf nur 50 000, davon etwa 20 000 aus dem Ausland. Etwas weniger IS-Kämpfer nimmt der US-Geheimdienst CIA an. Er schätzt sie auf 20 000 bis 30 000. Und dieses Häuflein hält eine ganze Welt in Atem! Selbst in unserem Land sollen schon 8000 Islamisten leben. Und die haben bereits begonnen, bei den Flüchtlingen weitere anzuwerben. Sagte nicht schon Friedrich Schiller in *Die Räuber: Ein Gran Hefe reicht hin, die ganze Masse in zerstörerische Gärung zu jagen.*

Als am 21. Januar 2016 in der FAZ der Bericht *Das Ende der alten Ordnung* von dem Historiker Prof. Dr. Alexander Demandt abgedruckt wurde, konnte man im kleingedruckten Kästchen lesen, dass der Chefredakteur der Zeitschrift *Die politische Meinung*, die von der Konrad-Adenauer-Stiftung herausgegeben wird, diesen Artikel mit der Begründung abgelehnt habe, dass er missinterpretiert werden könnte. Gerade dieser Bericht macht deutlich, dass der Untergang des Römischen Reichs durch die Völkerwanderungen der Nordvölker entstanden ist. Hier sind ganz eindeutig Parallelen zur aktuellen Flüchtlingszuwanderung abzuleiten, sonst hätte der Chefredakteur es nicht abgelehnt, den Artikel zu drucken.

So werden aber Meinungen manipuliert, damit der mitdenkende Bürger nur auf das zurückgreifen kann, was ihm die Medien in den Mund legen.

Die Willkommenskultur hat die Bundeskanzlerin leichtfertig ausgerufen. Sie hat die Situation selbstgefällig herbeigeführt. „Die ich rief, die Geister, werd' ich nun nicht los". Der Zustrom reißt nicht ab. Hunderte sind weiterhin auf dem Weg nach Deutschland. Neue Routen werden entstehen. Das Flüchtlingsaufkommen wird anhalten.

Flüchtlingsstrom von der Balkanroute an einem Tag 2015

Die augenblickliche Reduktion der Zuwanderung verdanken wir den Ländern, die auf dieser Route lagen, weil sie den unkontrollierten Zustrom nicht mehr für vertretbar hielten, ihm nicht mehr gewachsen waren und deshalb ihre Grenzen dicht machten. Das war die einzige praktikable Lösung, um wieder eine Ordnung in diese chaotische Invasion zu bekommen. Weil andere Europäer sich weniger humanitär orientieren, sondern sich als Politiker verstehen, die sich an Gesetz und Ordnung im Interesse ihres Landes halten, wie man es von einer Staatsführung erwarten sollte, kommen sie nicht in die Bredouille wie wir. Und die Verantwortlichen sollten endlich damit aufhören, sie alle als Asylsuchende einzustufen, nur weil sie angeblich aus Syrien und aus Kriegsgebieten Afrikas kommen.

Man fragt sich in diesem Zusammenhang natürlich auch, warum ein Großteil der Bevölkerung undefinierbare Ängste hat. Es sind Ängste vor einer ungewissen Zukunft. Ungewissheit generiert Angst. Weniger entspringen diese Ängste der Befürchtung, teilen zu müssen. Das scheint nicht vordergründig zu sein. Das vermuten zwar unsere Politiker. Weil sie diesen Glauben aber haben, versuchen sie uns mit haltlosen Floskeln zu trösten: Wir schaffen das schon. Doch Angst sitzt immer tief.

Wenn man von den vielen Gräueltaten hört, von der fehlenden Achtung vor einem Menschenleben, insbesondere bezogen auf die Ungläubigen, die wir ja alle für sie sind, und nun diese Muslime in Scharen zu uns strömen, dann werden diese täglich über die Medien verbreiteten Bilder in uns immer wieder vor Augen geführt, Urängste in uns geschürt und verfestigt. Da helfen auch keine beschwichtigenden Erklärungen, um sie abzumildern, geschweige sie zu beseitigen. Schon in der psychiatrischen Propädeutik lernt man, das der Angst mit logischen Argumenten – und wenn sie noch so überzeugend vorgetragen werden – nicht beizukommen sei.

Die Politik ist längst überfordert, weil sie eine vernünftige Kontrolle verloren hat, überhaupt über kein effektives Konzept verfügt. Dazu kommt noch, dass so mancher Flüchtling uns verschweigt, dass er nicht der Gefahr für Leib und Leben entflohen ist, sondern der Armut in seinem Land, um hier den ersehnten Wohlstand zu finden. Und um die Identität zu verheimlichen, beseitigen viele ihre Pässe. Wenn ein Volk spürt, dass eine Regierung konzeptlos handelt, weil eine amorphe Invasion unser Land heimsuchen darf, dann sind Ängste beim Bürger sehr berechtigt.

Zu diesen Ängsten kommen selbstverständlich noch andere. Die Angst vor dem Verlust des bisherigen Wohlstands und bei manchen die Angst vor der Verarmung. Alles berechtigte Ängste.

Es ist somit kontraproduktiv, wenn man diesen Menschen Ausländerfeindlichkeit, ihnen sogar rechtes rassenfeindliches Gedankengut unterstellt. Das mag für einzelne zutreffen. Die Masse der Bevölkerung fühlt aber anders. Sie sind nicht die Brandstifter, mit denen sie fast gleichgesetzt werden. Wenn man in dieser Situation sozusagen noch Sippenhaftung bei Andersdenkenden betreibt, dann führt das verständlicherweise dazu, dass allmählich noch gereizter auf diese Unterstellungen reagiert wird, und die Menschen mehr und mehr nach rechts abdriften. Gewalttaten haben wir mittlerweile mit nicht zu rechtfertigenden Ausschreitungen vor unserer eigenen Haustür genug.

Dass man den Flüchtlingen helfen müsse, damit sind sich die meisten Menschen wohl einig. Aber nicht in Europa. Sind wir überhaupt in der Lage, das Leid der ganzen Welt in unserem Land abzufangen? Das glaubt wohl selbst der Frömmste nicht. Echte Hilfe kann man sich nur so vorstellen, indem man Möglichkeiten schafft, damit diese Menschen im eigenen Land wieder ihren eigenen Standards entsprechend leben können. Oder man errichtet geschützte Lager in der Nähe ihrer Heimat, wo sie versorgt werden können bis eine Rückkehr in die Heimat möglich wird.

Darüber sollten sich alle „Gutmenschen“ (Unwort des Jahres) einmal Gedanken machen, statt sich über des Volkes „Stammtischpolitik“ zu erheben, und alle, die bei Pegida und AfD mitmarschieren, in Sippenhaftung zu nehmen. Statt die Zuwanderer in Sippenhaft zu nehmen, bis geklärt ist, woher sie kommen und welchen Hintergrund sie haben, wie alt sie sind, woher sie überhaupt stammen. Stattdessen gehen sie gegen ihr eigenes Volk vor.

Man soll nicht glauben, dass ein friedliches Nebeneinander der Religionen und Kulturen auf Dauer funktioniert, wie es die Multikulti-Freaks unermüdlich verkünden. Das funktioniert nicht einmal innerhalb der Gemeinschaft der Muslime. Kulturen können friedlich nebeneinander existieren, schwerlich bei intoleranten und gewaltbereiten Religionen wie dem Islam. Bei unterschiedlichen Kulturen und Religionen funktionierte das im allgemeinen befristet, immer mit kritischen Blick auf den anderen, ob nicht Provokantes dabei ist, das die eigene Identität beleidigt oder infrage stellt. Zwar gibt es immer wieder Beispiele, wo es funktioniert hat, zumindest für eine bestimmte Zeit. Das sind in der Regel kleine Gruppen unter bestimmten Bedingungen auf engem Raum.

Wenn zum Beispiel Abhängigkeiten voneinander bestanden haben, wo einer auf den anderen angewiesen war, wie auf den großen Reiserouten (Seidenstraße), wo die heutigen Todfeinde Juden und Muslime sich oft unterwegs festsetzten, ansässig wurden und von dort ihre Geschäfte fortsetzten, mag das eine Zeit lang funktioniert haben. Zu einer Vermischung kam es selten. Der Jude heiratete eine Jüdin und der Moslem eine Muslimin. Das Nebeneinander hielt, wenn es gut ging, ein, zwei Generationen, weil irgendwann eine Gruppe zu dominieren begann und dann Neid entstand. So kamen Konflikte auf, wie im Mittelalter, wo die Juden für die Verbreitung der Pest als Sündenbock herhalten mussten, weil man ihnen unterstellte, dass sie Brunnen vergiftet hätten, oder weil sie erfolgreicher waren als die anderen.

Eine multikulturelle Gesellschaft treffen wir seit Jahrzehnten in London an, einer Metropole mit unterschiedlichsten Kulturen, Religionen und Ethnien. Es gibt Araberviertel, Chinesenviertel, Viertel mit Indern und anderen Ethnien und Nationen. Das ist, wenn man so will, eine Ghetto-Stadt, ein säuberlich separiertes Vielvölkergemisch. Hier leben Parallelgesellschaften auf engstem Raum. Aus einem ursprünglich scheinbar friedlichen Nebeneinander wird diese Stadt jetzt bevorzugt vom islamischen Terrorismus heimgesucht. Der geht also nicht von Chinesen, Indern, Russen u. a. aus, sondern von gewaltbereiten Islamisten. Sie stellen eine reale Gefahr für die Bevölkerung dar. Zahlreiche Menschenleben gehen bereits auf die Kappe dieser religiösen Fanatiker. Die Störenfriede kommen also aus den Reihen des Islam und nicht aus anderen Reihen.

Extremer als in London sieht es in einer anderen europäischen Großstadt aus. Das südfranzösische Marseilles ist ebenfalls Paradebeispiel für ein Vielvölkergemisch. Dort gibt es ein großes Araberviertel, wo diese Menschen dominieren. Auch eine jüdische Gemeinde, die größte in Frankreich, mit 75 000 Juden lebt ebenfalls integriert in dieser Stadt, mit ihrem ärgsten Feind auf engstem Raum. Ausgerechnet die Zentralregierung Frankreichs ist der Meinung, dass diese Stadt nicht mehr regierbar sei, weil offenbar ein jeder "nach seiner Fasson" lebt. Hohe Arbeitslosigkeit und Drogenhandel prägen die Stadt. In Reiseführern wird gewarnt, als Fremder speziell im Araberviertel aufzutauchen, weil ihnen eine hohe Kriminalität entgegenschlägt, wie überhaupt die Kriminalität dort sehr hoch ist, und das noch bevor der IS seine Terrorherrschaft in die Welt brachte. Unregierbar sei die Stadt wohl deshalb, weil diese Menschen nach ihren eigenen Regeln leben und die anderen ansässigen Ethnien dieses Recht für sich ebenfalls in Anspruch nehmen. Das gilt für alle Orte in Europa mit hohem Migrantenanteil, der dort bei 40 % liegt. Islamistische Strömungen nehmen, wie man hört, zu. Nur Deutschland glaubt, diese Zustände mit seiner Integrationspolitik zu meistern, ein friedliches Nebeneinander zu schaffen und überschätzt sich dabei maßlos.

Das Araberviertel Molenbeek in Brüssel darf nicht unerwähnt bleiben, wenn es um die Bande des IS geht, die auch Europa Tod und Verderben bringen. Auch wenn jetzt Flüchtlingskinder, die an der mazedonischen Grenze mit ihren Eltern festhängen, mit

Schildern in englischer Sprache bekunden, dass es ihnen leid tue, was in Brüssel geschah, dann darf man nicht verkennen, dass diese Mörder aus ihren Reihen kommen. Es gibt auch zu denken, dass diese Schilder von Kindern hochgehalten wurden, die zum Teil gar nicht lesen und schreiben können. Das muss ihnen also von Erwachsenen ausgehändigt worden sein, deren Zweck sehr vordergründig auf Mitleid aus ist. Andererseits darf man vermuten, dass dieser absolute Stopp der Menschen auf ihrem Fluchtweg nicht unbedingt friedfertige Gedanken generieren lässt, was leicht bei diesem Kulturkreis ins Extrem umschlagen kann, wie es uns schon mehrfach vor Augen geführt wurde.

Von einem ganzen Land, in dem unterschiedlichste Kulturen und Religionen leben, ein friedliches und konfliktfreies Nebeneinander auf Dauer zu erwarten, ist wohl nur theoretisch denkbar. In Wirklichkeit gibt es das nicht. Entweder leben Parallelgesellschaften geduldet und stets kritisch beäugt in einem labilen Status quo nebeneinander, oder sie leben verboten, anonym, im Untergrund, versteckt im Land. Wo lebt der Islam denn mit anderen Religionen friedlich und gleichberechtigt schon lange Zeit nebeneinander? Wie akzeptiert sind die Christen in der Türkei, von anderen islamischen Staaten erst gar nicht zu sprechen? Wie akzeptiert sind bei uns die meisten Türken, die sich schon seit Anfang der 60er Jahre, also ein halbes Jahrhundert, hier aufhalten? Es sind „Nutzfreunde" geworden. Nur wenige haben sich in unserem Sinne integriert. Nur wenige leben befreundet mit uns. Die meisten leben doch parallel neben uns in ihren Gemeinschaften. Das spricht nicht gerade für eine gelungene Integration. Die Bereitschaft zur Toleranz, ein freundschaftliches Miteinander mit den Andersgläubigen ist doch die Ausnahme.

Dass in Israel bei 8,5 Millionen Israelis auch 1,5 Millionen Araber (das sind knapp 18%) leben und das schlecht und recht funktioniert, ist wohl hauptsächlich der Tatsache geschuldet, dass in Israel die Araber nicht die gleichen Rechte haben wie die Israelis. Würde man ihnen die gleichen Rechte einräumen, dann fürchten viele Israelis das Ende ihres Staates. Man mag das Zusammenleben dort sehen wie man will. Es kann weder als Paradebeispiel für ein friedliches Zusammenleben herhalten noch nachahmenswert sein, denn unverändert existiert eine extreme Antipathie auf beiden Seiten, wodurch historische Gründe verantwortlich sind, die das Unversöhnliche ausmachen und eine friedliche Koexistenz seit Jahrzehnten nie entstehen ließ.

Selbst innerhalb der Muslime sind Feindschaften gang und gäbe. Beispiele in unserer Zeit zeigen das in beklagenswerter Weise in Nahost. Kriegerische Auseinandersetzungen zwischen Sunniten und Schiiten und den zahlreichen Abspaltungen wie Wahhabiten, Charidschiten, Aleviten, die türkischen und die syrischen Kurden und andere spielen sich unversöhnlich seit jeher ab und machen eine friedliche Koexistenz ausgesprochen schwierig oder sogar unmöglich. Die stärkere Seite versucht immer die schwächere zu bekämpfen.

Man solle aber nicht jeden Moslem als einen mordlustigen Islamisten betrachten, also nicht pauschalieren. Dazu wird man zwar immer wieder zu recht angehalten. Doch kommt man nicht umhin festzustellen, dass überall in der Welt, wo Unruhen und Gräueltaten begangen werden, der Islam seine Hand im Spiel hat. Das ist keine friedliche Religion. Aber woran erkennt man, dass jemand friedlich ist? Sollte man zumindest nicht bei jedem, der in unser Land kommt, zunächst einmal misstrauisch sein, zumindest solange, bis das Gegenteil feststeht. Sollte nicht der Migrant uns erst vom Gegenteil überzeugen? Das erfordert aber gründlichere Aufnahmekriterien, als es die bestehende Praxis vorführt. Solange bei jedem Einzelnen keine gründliche Durchleuchtung vorliegt, ist jeder gläubige Moslem zunächst eine Gefahr. Es ist besser so zu handeln als im Nachhinein festzustellen: Ach, hätten wir doch ...

Denken wir einmal darüber nach, dass nicht Buddhisten, Hindus, Christen oder Juden grausamste Gräueltaten in der Jetztzeit begehen, sondern dass die menschenverachtenden Mörder aus den Reihen des Islam kommen und nun auf der ganzen Welt Tod, Verderben und Zerstörung bringen. Der Islam ist á priori eine gewaltbereite Religion, intolerant und unversöhnlich. Seine Sharia steht über allen weltlichen Gesetzen. Um das zu wissen, muss man kein Islamexperte sein.

Kann und wird man von einem gläubigen Moslem, der nur seinen Glauben gelten lässt, je ein gleichberechtigtes Zusammenleben erwarten können, wenn er nur sein religiöses Staatssystem akzeptiert und unsere politische und gesellschaftliche Kultur völlig ablehnt? Wie tolerant er gegenüber anderen Religionen in den Ländern ist, wo er das Sagen hat, braucht nicht weiter ausgeführt zu werden. Wird ein gläubiger Moslem seine Grundeinstellung verraten zugunsten einer staatlichen oder gesellschaftlichen Ordnung, die er als eine satanische Welt der Ungläubigen ablehnen muss, ja sogar nach seinem Glauben bekämpfen muss? Und wie steht es um die Akzeptanz von Juden im Islam? Er betrachtet sie als Erzfeinde. Den abtrünnigen Moslems und diejenigen, die ihren Glauben kaum oder gar nicht praktizieren, mag das gelingen, einem gläubigen aber nicht. Aber wie viele haben wir davon?

Wenn die betagte Jüdin Ruth Klüger in ihrer Gedenkrede am 27.1.2016 im Bundestag am Schluss der Rede die Bundeskanzlerin als gegensätzliches und „heroisches" Vorbild hervorhebt und lobt und ihren Satz *Wir schaffen das* zitiert, wohl wissend, dass es sich bei den Flüchtlingen überwiegend um Moslems handelt, dann muss man sich in der Tat fragen, ob sie noch in der Zeit lebt und die Ereignisse von Paris, wo gezielt auch jüdische Bürger ermordet wurden, mit bekommen hat.

Glaubt man einer deutschen Umfrage zur Schulbildung, dass von den Syrern die über 20jährigen zu 25% eine Hochschule besucht haben, genauso viele das Gymnasium und der Rest bis auf 3%, die keine Schule besucht haben, eine Mittel- und Grundschule besuchten, und auf der anderen Seite bei einer Befragung eines syrischen Hochschulabsolventen, der auf die Frage, was er studiert habe, antwortete, dass er sich im Augenblick nicht daran erinnern könne, dann darf man wohl berechtigt Zweifel an diesen Zahlen haben, denn unsere Regierung tut zwar so, als hätte sie die notwendigen Informationen von den registrierten Flüchtlingen, in Wirklichkeit weiß sie aber herzlich wenig über sie. Und das ist eine beängstigende und wohl auch einmalige Einstellung, die ein Staat Zuwanderern gegenüber einnimmt.

Inzwischen liegen ein paar zuverlässigere Zahlen vom Bildungsstand der Flüchtlinge vor, wie Prof. Ludger Wößmann, Leiter des ifo-Zentrums für Bildungsökonomie in München, in der FAZ v. 22. Februar 2016 in seinem Beitrag *Warum die Integration schwierig wird* berichtet. So haben nur 10 % der Flüchtlinge einen Hochschulabschluss und *zwei Drittel* keinen berufsqualifizierenden Abschluss.

Es ist eine klare Erkenntnis der Migrationsforschung, dass Spracherwerb und berufliche Qualifikation eine Grundvoraussetzung für Integration überhaupt sind. Wößmanns Forschungsergebnis zeigt außerdem, dass das Bildungsniveau selbst bei denen mit einem Schulabschluss mindestens vier Schuljahre unter dem unseren liegt, und die Handwerkskammer München und Oberbayern weist darauf hin, dass etwa 70 % der Auszubildenden aus Afghanistan, Syrien und dem Irak, die mit einer Lehre begonnen hatten, diese wieder abbrachen. Wir stehen also bei der Integration dieser Menschen vor nahezu unüberwindbaren Herausforderungen.

Noch sind es die Sehnsucht nach Sicherheit und der Wunsch nach materieller Fürsorge, was der Generator vieler Flüchtlinge ist. Das erklärt, weshalb die Flüchtenden enormen Strapazen auf sich nehmen, um hierher zu kommen. Die losgetretene und nicht rechtzeitig gestoppte Völkerwanderung wird in absehbarer Zeit aber zu einer Überflutung führen, die unser Land an seine Grenzen bringt und deren gesamten Folgen trotz gegenteiliger Beteuerungen jetzt noch nicht abzusehen sind.

Obwohl Flüchtlingsrouten geschlossen wurden, sind zwischen Januar und September 2016 bereits wieder 657.855 Flüchtlinge nach Deutschland eingereist. Materielle Probleme sind vielleicht verkraftbar, aber nur, wenn der Zustrom nicht mehr so anhält wie bisher. Man stelle sich vor, noch Millionen sitzen auf gepackten Koffern gen Europa. Vom afrikanischen Kontinent sollen es allein Millionen sein, die wanderungsbereit sind. Warten wir jetzt wieder den kommenden Sommer ab.

Noch sollen es „nur noch“ wenige Hundert Flüchtlinge täglich sein, die zu uns über die Balkanroute drängen. So wurde es verbreitet. Die oben genannte Zahl straft uns Lügen. Auf der neuen Mittelmeerroute warten inzwischen schon wieder Tausende auf besseres Wetter. Dann wird die nächste Flutwelle auf uns zurollen. In den Flüchtlingslagern in Nahost und in Nordafrika, wo Kriege noch Jahre wüten werden, sind noch Millionen in Lagern und auf der Flucht. Und viele davon zieht es nach Europa.

Wann werden unsere Politiker damit aufhören, alle vor den Kriegen in der Welt Flüchtenden einzuladen und aufzunehmen, um mit einem europäischen Aufnahmelager die Welt zu retten? Eine Lösung ist das jedenfalls nicht. Gibt es tatsächlich keine Obergrenze, kein *Schluss damit*, wie es einige Staaten inzwischen praktizieren? Das erfordert natürlich ein drastisches Handeln. Das aber steht in den Sternen, wenn man sieht, wie in der Koalition und der Opposition argumentiert wird: Immer das Gegenteil von dem zu sagen, was der andere gerade vorschlägt. In schwierigen Situationen zeigt sich, das eine große Koalition kein Segen für unser Land ist, eher eine Gefahr, weil Notwendiges oft aus Fraktionszwang blockiert wird und damit auf der Strecke bleibt. Endlich einmal in so wichtigen Fragen an einem Strang zu ziehen, das verbietet die Parteienkultur, und damit ist sie eher hinderlich als förderlich.

Weitere Probleme, die zunächst nur zu ahnen sind, kommen noch hinzu, dann nämlich, wenn unser Land mit dem Integrieren beginnt. Die ungeordnete Zuwanderung und der stümperhaft begonnene Integrationsprozess stellen jetzt schon ein Problem dar, das nicht nur Deutschland in Schwierigkeiten bringen wird, sondern weiterhin für Missstimmungen innerhalb der EU sorgt und am Ast der EU-Gemeinschaft sägt. Statt zu helfen, ein Europa zu stärken, schwächen wir sie, denn unsere lockere Zuwanderungspolitik entbehrt jeglicher staatlichen Grundlage und jeglicher Ordnung. Mehrere Staatsrechtler halten inzwischen den Umgang der Bundesregierung mit dem Flüchtlingsproblem juristisch für fragwürdig. Und das eingeleitete britische Austrittsverfahren aus der EU ist nicht zuletzt wegen des Flüchtlingsproblems zustande gekommen. Auch unserem Land stehen große Probleme noch bevor.

Zu den Plänen unserer Integration gehört jetzt u. a. die Forderung, dass jeder Zuwanderer die deutsche Sprache erlernen und unsere Grundrechte akzeptieren muss. Um dahinter einen leichten Druck aufzubauen, will man die finanziellen Zuwendungen kürzen, wenn sich die Flüchtlinge nicht an diese Auflagen halten. Man sollte meinen, auch das sei eine Selbstverständlichkeit. Doch auch in dieser Frage schießen die Parteien quer.

Wenn man weiß, dass die meisten jungen Leute an Schulbildung und Ausbildung gar nicht interessiert sind, sondern lieber gleich Geld verdienen wollen, indem sie in Hilfsjobs wie im Gaststättengewerbe, in den Einzelhandel und den Reinigungsdiensten einsteigen möchten, dann gerät auch die Vorstellung ins Wanken, dringend nötige Industriejobs mit ausgebildeten Facharbeitern besetzen zu können.

Auch das Problem unserer Überalterung mit den Flüchtlingen zu lösen, zumindest abzuschwächen, wird inzwischen von Fachleuten bezweifelt. Das bezieht sich vorrangig auf unser Rentensystem. Der Freiburger Volkswirt Bernd Raffelhüschen sagte kürzlich dazu: *Die derzeitigen Zuwanderer sind nicht Teil der Lösung, sondern*

Teil des wachsenden Finanzproblems der demographischen Entwicklung (FAZ, Wirtschaft, 21. Januar 2016).

Die Folge für die immer währende Uneinigkeit in der Regierung erzürnt auf Dauer die Wähler und führt dazu, dass damit der rechte Flügel erstarkt. Statt dass die Politiker über die wirklichen Probleme durch die Flüchtlinge, über Konzepte und deren Durchsetzung reden, streiten sie seit Monaten über Obergrenzen und über Verteilungsmodalitäten. Das kommt einem so vor, als wenn ein Hausbesitzer bei einem Wasserrohrbruch überlegt, wie er das Wasser im Haus umleiten muss, um den Schaden möglichst klein zu halten, statt die Ursache zu beseitigen.

In der Flüchtlingskrise wird eines klar: Man tut mehr für die Flüchtlinge als für das eigene Volk, man spaltet es zugunsten der Flüchtlinge. Das trifft insbesondere auf den ärmeren Teil und die Randgruppen in unserer Bevölkerung zu, und das bezieht sich auf die finanziellen und materiellen Zuwendungen und den bezahlbaren Wohnraum mit seinen Nebenkosten.

Kleinere Flüchtlingskinder muss man natürlich in unser Bildungssystem integrieren. Darin sind sich auch alle Parteien einig. Bis diese ausländischen Kinder aber über unsere Schulen einen gleichwertigen Standard erreicht haben, bis sie voll integriert sind, werden mindestens 20 Jahre ins Land gehen. Die Erwachsenen mit Hochschulabschluss, Gymnasialbildung und abgeschlossener Schulbildung werden sich nur zu einem kleinen Anteil integrieren lassen, der größte Anteil wird in den Sozialsystemen landen, denn auch zwischen den Ansprüchen und Vorstellungen der Migranten und dem, was sie für unser Land einbringen werden, klafft eine gewaltige Lücke (ich weiß im Augenblick nicht, was ich studiert habe).

Statt immer wieder zu wiederholen, dass vom derzeitigen Flüchtlingsstrom auch wir profitieren werden, sollte einmal dezidiert der „Profit“ für uns genannt werden. Worin soll der bestehen, außer, dass wir vielleicht einmal Arbeitskräfte durch sie bekommen, also wirtschaftliche Vorteile damit erreichen. Inzwischen zweifeln selbst Sachkundige daran, dass wir unsere freien Arbeitsplätze mit denen wird auffüllen können. Und der Wissens- und Kulturimport aus diesen Ländern ist ohnehin längst Geschichte.

Worin besteht also die gesellschaftliche und kulturelle Bereicherung durch die Muslime, die in vielerlei Hinsicht sich noch im Mittelalter aufhalten? Frauen werden nach Verfehlungen gesteinigt, Dieben wird die Hand abgehackt, Ungläubige werden gehängt, freie Meinungsäußerungen mit Stockschlägen geahndet. Das sind die Gesetze der Scharia. Nur sie sind für einen gläubigen Muslim ausschlaggebend. Unsere freiheitlich-westliche Grundordnung ist ihnen fremd. Worin bestünde also die Bereicherung der westlichen Welt durch die Muslime? Das sollten die Verfechter einmal konkret benennen. Wo erkennt man den Vorteil durch Multikulti dort, wo er bereits auf engstem Raum mit anderen Kulturen nebeneinander besteht wie in Israel, in London, Marseilles und anderen Orten?

Bis jetzt gibt es wohl doch nur ein einseitiges Nehmen. Wenn man erlebt, wie jetzt Flüchtlinge unser sehr gutes Gesundheitssystem in Anspruch nehmen, dann wird man bald mit noch höheren Kassenbeiträgen rechnen müssen. Erst kürzlich sind die Beiträge gestiegen, und die unübersehbare Flüchtlingsinvasion wird erneut die Praxen erstürmen. Wie viele von denen werden aber jemals in eine Krankenkasse einzahlen? Eine allgemeine Teuerung ist unausweichlich.

Mit der Zunahme von Sozialempfängern sinkt der Wohlstand eines Volkes. Als Gegenmaßnahmen sind Steuererhöhungen die Folge, denn das Sozialsystem muss bezahlt werden. Allein die Arbeitsmoral ist bei den Orientalen eine andere als die bei uns, was die Sozialempfänger zusätzlich vermehren wird. Und Teuerungen führen wiederum zur Unzufriedenheit in der Bevölkerung und treffen nun auch die besser Verdienenden.

Allmählich nimmt die Aversion gegen die Verursacher zu. Es kommt weiter zur Spaltung in der Bevölkerung. Eine vorhersehbare Entwicklung setzt ein. Es etablieren sich zwei Konfliktparteien, einmal die Einheimischen und zum andern die Zugewanderten mit ihren einheimischen Unterstützern. Überwachen kann man die Zugewanderten nun nicht mehr, denn die Parallelgesellschaften wie in London und Marseilles sind jetzt schon nicht mehr zu erreichen. Die Ausländer sind dann verteilt über das ganze Land. Sie zu organisieren wird in unserer digital vernetzten Welt ein Leichtes sein. Bedenkt man außerdem, dass allein die in Deutschland lebenden Türken teilweise noch von ihrem Land aus gesteuert werden, dann ahnt man vielleicht, welche Folgen es hätte, wenn der ganze islamische Bevölkerungsanteil in unserem Land Forderungen nach seinen Regeln stellte.

Eine ungefilterte Willkommensmasse, zusammengeschweißt durch eine Religion, wird uns allmählich sagen, wo es langzugehen hat. Sie werden einen Machtfaktor entwickeln, der nach und nach unser freiheitliches System mit seinen traditionellen Verständnissen infiltriert. Leicht gemacht wird ihnen das in unserem Land noch durch das Hü und Hott der Parteien, die an keinem gemeinsamen Strang ziehen und die Angst vor den Begriffen Ausländerfeindlichkeit, Diskriminierung und Inhumanität, mit denen wir jetzt schon erpresst werden. Legt man noch die beschriebene Charakterisierung des Islam zugrunde, dann muss man sich um die Entwicklung in unserem Land – und nicht nur hier – in der Tat Sorgen machen. Diese Uneinigkeit und Planlosigkeit einer Regierung macht vielen Menschen verständlicherweise Angst.

Unsere großzügigen gesellschaftlichen Freiheiten und Regeln werden sie niemals akzeptieren: Gleichstellung von Mann und Frau, geschweige Gleichstellung von gleichgeschlechtlichen Menschen, gleiche Rechte der Geschlechter, Anerkennung unserer Rechtsordnung, Toleranz gegenüber anderen Religionen. Das verbietet ihnen ihre Religion sogar, machte sie zu Abtrünnigen. Auch Islamwissenschaftler können das mit geschickten rhetorischen Formulierungen nicht ändern, selbst wenn sie betonen, dass der Islam mit der westlichen Demokratie vereinbar sei.

2008 hielt Tayyip Erdogan in Köln eine berüchtigte Rede. Sein Kernsatz lautete: *Assimilation ist ein Verbrechen gegen die Menschlichkeit.* Das ist starker Tobak, den unsere Politiker wahrscheinlich überhört haben.

Wird man einem muslimischen Mann das Verständnis von unserer Rolle der Frau in der Gesellschaft beibringen können? Ganz deutlich zeigt der Zwischenfall in Köln in der Silvesternacht 2015, wo sich etwa tausend Nordafrikaner auf dem Domplatz in Köln organisierten, Frauen bedrängten, bestohlen und vergewaltigt hatten, dass das sehr schwer sein wird, ja selbst in Jahrzehnten nicht gelingen wird, in diesen islamisch geprägten Köpfen ein Umdenken zu erreichen. Das waren keine Einzelfälle. In Köln gingen über 1000 Anzeigen ein, in Hamburg 195. Die Fälle in Stuttgart, Frankfurt und anderen Städten nicht mitgerechnet. Wenn nun die linke Seite mit dem Argument kommt, dass in deutschen Schlafzimmern pro Jahr zahlreiche Frauen vergewaltigt würden, dann sollten sie zur Kenntnis nehmen, dass diese Zahlen in Köln und anderswo an einem einzigen Tag durch Zugewanderte zustande kamen.

Wenn unsere Frauen nicht bis zu den Augen vermummt herumlaufen, sondern sich freizügig kleiden und sich so in der Öffentlichkeit zeigen, werden sie respektlos von ihnen als Freiwild betrachtet. Wenn dann unser Herr Maas (Justizminister) verkündet, man werde mit aller Härte gegen sie vorgehen, wohl wissend, dass von denen kaum jemand gefasst, geschweige abgeschoben wird, dann sind diese Sprüche in den Wind gesprochen, die niemand nützen, den Betroffenen am wenigsten.

Selbst die Bundeskanzlerin drohte nach den Vorfällen mit schnellen Abschiebungen. Damit sollte endlich begonnen werden. Und wenn man jetzt überlegt, wie vorzugehen sei, um die Einwanderer, die keinen Aufnahmestatus bekommen, wieder in ihre Heimatländer zurückzuführen, und die Herkunftsländer es ablehnen, ihre Landsleute wieder aufzunehmen, dann sollte unsere Regierung einmal überlegen, woran das liegt, und was sie falsch gemacht haben.

Wenn der unkontrollierte Zuzug sich fortsetzt, werden sich unsere Vollzugsbeamten bald wundern, denn dann stehen sie in Kürze ganz anderen Fronten gegenüber. Die Probleme werden sie dann erst recht nicht mehr in den Griff bekommen, wenn sie jetzt schon versagen. Und mit der zahlenmäßigen Aufstockung von Beamten entwickeln wir uns notwendigerweise in Richtung eines Polizeistaates – alles Folge der unkontrollierten Zuwanderung.

Wie kann und wie wird man einem Muslim unsere freiheitliche Grundordnung und Lebensweise in den kommenden Jahren mit unserem politischen Schmusekurs beibringen, damit sie unsere Regeln akzeptieren? Wie kann man ihnen beibringen, dass bei uns eine staatliche Ordnung und eine religiöse parallel und funktionierend nebeneinander existieren. Ich bezweifle, dass die meisten das überhaupt wollen und von ihrem Glauben her dürfen; sie werden es zunächst meist schweigend im eigenen Interesse hinnehmen.

Das wird dazu führen, dass sich eine islamische Parallelgesellschaft vermehrt und eine gefährliche Macht im Staate entwickelt. Dann werden sich auch die bisher integrierten, aber schlafenden Migranten auf ihre Herkunft besinnen und diese Macht weiter stärken. Selbst der Vorsitzende des Zentralrats der Muslime in Deutschland, Aiman Mazyek, warnte davor, dass religiöse Konflikte auch hierzulande ausgetragen würden, wenn unsere Integrationsprobleme nicht durch klare Integrationsregeln geregelt würde. Selbst unsere jüdischen Mitbürger, die ja von den muslimischen Zugewanderten als Feinde Nr. 1 betrachtet werden, sprechen bereits Befürchtungen in diese Richtung aus.

Man soll doch nicht glauben, dass bei den offiziell berichteten Flüchtlingszahlen und die bei den noch kommenden kein Extremist darunter sein wird. Sicher sind es schon mehrere. Aber einer ist schon zu viel. Und bei unserer laschen Zuwanderungskontrolle werden diese Probleme ganz bestimmt nicht weniger.

Unsere Physikerin im Bundeskanzleramt kennt wohl nur die demographische Entwicklung und die theologische Meinung (liebe deinen Nächsten wie dich selbst), nicht aber die politischen und sozialen Folgen und deren Wirkung auf die eigene Bevölkerung. Sie allein wird verantwortlich sein für die sozialen Unruhen, die unser Land heimsuchen werden. Sie wird verantwortlich sein für Angriffe auf die Ungläubigen. Sie wird verantwortlich sein für das Sinken unseres bisherigen Wohlstands. Sie wird verantwortlich sein für die Spaltung der Bevölkerung, und sie ist mit ihrer bisherigen Politik auch verantwortlich für den Dissens innerhalb der EU, der dadurch möglicherweise, aber nicht ausschließlich, das Aus herbeiführen könnte. Statt ein einiges Europa zu stabilisieren, schwächt sie es.

Mit der Zuwanderung nahezu ausschließlich von Muslimen wird sich verständlicherweise das soziale Umfeld ändern, denn man weiß nach der Einladungspolitik der offenen Grenzen weder wie viele nach Deutschland gekommen sind noch wie viele sich nicht registriert haben und sich hier aufhalten und wie viele noch kommen werden. In dem eiligen Durchwinken, was man bereits als Fehler erkannt hat, hat man jeden Flüchtling als solchen erst einmal aufgenommen, ohne zu prüfen, ob er ein echter oder falscher Syrer ist, ob es sich um Verfolger oder Verfolgte handelt, ob es sich um vertriebene Christen oder um Bürgerkrieger handelt, die sie vertrieben haben oder um Dschihadisten. Man weiß also nicht, wer gekommen ist. Dieser Zustand wird verständlicherweise Einfluss auf das gesellschaftliche Leben nehmen. Und wir wissen auch nicht, ob dieser Zustrom jemals versiegen wird.

Geht man davon aus, dass der Islam eine intolerante und gewaltbereite Religion ist, dann kann man nicht mehr den geringen Prozentanteil der Muslime, die schon hier sind, im letzten Jahr gekommen sind und noch kommen werden, gegenüber unserer Bevölkerung als vernachlässigbar betrachten. In dieser geringen Zahl – es sind schätzungsweise mit den schon länger hier Lebenden inzwischen mindestens 5-7 Millionen – steckt ein ganz anderes Potential als in der Denkweise unserer Politiker, die glauben, dass eine Bevölkerung von 80 Millionen durch 4 % Muslime so verdünnen würde, dass sie keine Bedeutung mehr hätte.

Auch diese Zahl sollte zum Nachdenken anregen: Legt man zugrunde, dass etwa eine dreiviertel Million moslemische Männer zwischen 21 und 39 Jahren in der aktuellen Flüchtlingskrise zu uns eingewandert sind und setzt man diesen Männern das vergleichbare deutsche Männerklientel mit rund sieben Millionen gegenüber, dann hat man noch eine andere Relation, die nachdenklich machen sollte.

Der Harvardprofessor Georges Borjas ist der Meinung, dass es in der Tat einen Unterschied mache, wenn Flüchtlinge aus islamischen Ländern kommen. Wer das nicht sehe, verschließe seine Augen.

Und noch ein weiteres Problem kocht durch die derzeitige Politik hoch. Wer nicht für mich ist, ist gegen mich. Hier geht die Politik genauso vor, wie man es den oppositionellen Randgruppen unterstellt. Jeder, der gegen den unüberschaubaren Zustrom ist, wird unter Generalverdacht gestellt und zu Sympathisanten von AfD und Pegida gemacht, wird an den ganz rechten Rand gestellt. Diese Gruppierungen wollen manche sogar unter Beobachtung stellen. Die Meinungsfreiheit gerät deshalb in Gefahr, weil die derzeit politisch Agierenden durch andere Meinungen nicht so sehr eine Gefahr für unser Land, sondern eine Gefahr für sich selbst sehen und deshalb diesen Meinungen nicht gerade verständnisvoll gegenüber treten. Damit relativiert sich allmählich auch unsere gepriesene demokratische Kultur in der Form, dass sie ausgehöhlt wird, wenn bei jedem Aufbegehren statt Überzeugungsarbeit zu leisten eine Kampagne der Volksverhetzung losgetreten wird, gegen die mit „aller Härte" vorgegangen werden muss. Populismus entsteht, wenn Politik versagt. Man sollt in solchen Situationen nicht noch Öl ins Feuer gießen.

Auch wenn die Bundeskanzlerin durch manche Äußerungen zu erkennen gibt, dass sie allmählich zurückrudert, weil ihre Politik nicht mehr deutschlandweit, schon gar nicht europaweit, Zuspruch findet, beharrt sie dennoch trotzig darauf, keine Obergrenze festzulegen, lässt nicht einmal erkennen, dass eine Begrenzung der Zahlen notwendig sind. Auf ein geschlossenes Entgegenkommen seitens der EU wird sie vergeblich hoffen. Das lässt sich schon am bisherigen Verhalten der einzelnen Länder erkennen.

Sie kann es sich leisten, an ihrer umstrittenen Meinung festzuhalten, weil niemand da ist, der sie ablösen könnte. Sie ist in der Tat für die CDU „alternativlos". Die echten politischen Talente um sie herum hat sie zu Beginn ihrer Amtszeit aus ihrem Umfeld entfernt. Jetzt existieren in der Regierung meist nur noch Ergebene, die nicht wagen, eine andere Meinung zu haben, wenn sie ihren Posten nicht verlieren wollen. Und sie hat ein Gespür für die Tendenzen der anderen Parteien, nähert sich ihnen ganz nebenbei an und macht sie zu farblosen Mitläufern. Sie übernimmt Themen der Gegner und „entindividualisiert" sie. Das wird erkennbar, wenn oppositionelle Parteien bei Entscheidungen nicht mehr mit eigenen Ideen aufwarten, sondern sich nur dahingehend äußern, dass das, was Merkel entscheidet mit „zu wenig", „zu gering", „zu ungenügend" beurteilen und nicht mit einem eigenen Konzept dagegen halten. Sie treibt gewissermaßen Plagiat mit geistigem Eigentum. Irgendwann bemerken das die „Anderen". Dann kommt die Phase der Selbstfindung (am besten zu beobachten bei den Grünen).

Und so regiert Merkel ziemlich selbstherrlich. Eine Gefahr kann für sie nur dadurch entstehen, dass andere Parteien erstarken. Ein solcher Stern ist aber aufgrund fehlender charismatischer Politiker am Horizont nicht zu sehen. Bei entscheidenden Ereignissen, die ein Land treffen, braucht man Politiker mit politischem Gespür und Weitsicht.

Frau Merkel hat bei den entscheidenden Ereignissen versagt. Das begann mit dem übereilten Atomausstieg, der den Stromkunden nun jährlich 22 Milliarden Euro kostet, setzte sich fort bei der Finanz- und Griechenlandkrise, deren Kosten für uns noch längst nicht abzuschätzen sind, und jetzt, bei der Flüchtlingskrise, wird nach neuesten Schätzungen für die kommenden 2 Jahre der Steuerzahler mindestens mit 50 Milliarden zur Kasse gebeten, natürlich immer die bisherigen Flüchtlingszahlen zugrunde gelegt, sonst werden die Ausgaben weiterhin beträchtlich steigen. Zusätzlich spaltet Frau Merkel Europa in zwei Lager statt es zu einen. Das ist die bisherige Bilanz ihrer Regierungszeit. Dem Volk hat sie also bisher beträchtliche Lasten aufgebürdet.

Sie schaffte es, von den ursprünglichen Inhalten ihrer Partei immer weiter abzurücken, so dass die CDU mit der ursprünglichen Partei immer weniger zu tun hat. Sie veränderte Ziele und Inhalte ihrer Partei.

Ihre Ost-Vergangenheit ist daran sicher nicht unbeteiligt, was ich mir erlaube zu sagen, der bis zum Abitur in der DDR aufgewachsen ist und dort die Überlebensstrategien und die Art zu regieren kennengelernt hat. Der Kommunismus ist am Machterhalt interessiert, der Kapitalismus am Systemerhalt. Beide Systeme kennt sie, und dennoch schustert sie aus diesen Erfahrungen und aus verschiedenen Parteiinhalten etwas zusammen, was zielorientiert völlig unklar bleibt.

Eine weitere Bestätigung werden die Merkel-Fans hinsichtlich der Flüchtlingsinvasion noch erfahren, wenn sie weiterhin mit zunehmender Kriminalität hautnah konfrontiert werden. Man kann nur hoffen, dass die Medien dann nicht müde werden bei Straftaten auch auf den Migrationshintergrund und auf die Glaubenszugehörigkeit hinzuweisen, beides nicht unter den Tisch fallen lassen oder verschweigen, wie es schon mehrfach geschieht, nur, weil sie sich der Politik beugen, um nicht das Etikett des Populismus oder der Fremdenfeindlichkeit angeheftet zu bekommen.

Wie groß das Misstrauen in der Bevölkerung gegenüber den Medienberichten bezüglich der Flüchtlinge ist, zeigte eine Befragung des Institutes für Demoskopie Allensbach, herausgegeben Anfang 2017. Darin haben 67 Prozent der Befragten Zweifel an den veröffentlichten Zuwanderungszahlen, die uns immer den neuesten Stand vorlegen, und sogar 73 Prozent glauben, dass wir über die Kriminalität der Flüchtlinge nicht glaubhaft informiert werden.

In einer Arbeitsgruppe in Wiesbaden, die sich auf Straftaten zum Nachteil älterer Menschen konzentriert, wurde festgestellt, dass der Schwerpunkt krimineller Vergehen in erster Linie von tatverdächtigen Zuwanderern afghanischer Herkunft, gefolgt dann von syrischen, begangen wurde.

Für die Sicht auf das beschriebene Problem braucht man keine politische Weisheit. Ein normales Verständnis für kritische Situationen reicht aus. Aber wie ich eingangs sagte, sind die Menschen genetisch und epigenetisch zu unterschiedlich geprägt, um sie zu einem Gleichschritt zu bewegen. Daher sind klare und strenge Regeln erforderlich, sogar notwendig, um auch von den Unwilligen in dieser verworrenen Zeit strenge gesellschaftliche Vorgaben zu verlangen. Auch ein Kind lernt schnell, was es darf und was es nicht darf. Das muss auch für einen Erwachsenen gelten. Aber solche Regeln existieren in unserer Politik zur Zeit leider nicht, zumindest wird nicht konsequent auf die Einhaltung geachtet oder – was noch schlimmer ist –, es wird mit zweierlei Maß gemessen. Unsere Politiker versuchen bei den Flüchtlingen alles mit Mitleid für das Erlittene zu entschuldigen. Aber Mitleid ist ein schlechter Ratgeber.

Das ganze Übel für die zu beobachtende Entwicklung liegt jetzt in erster Linie im Beharren auf eine einmal vorgefassten Meinung, im Festhalten einer einmal getroffenen Entscheidung, als sei dies der Weisheit letzter Schluss und „alternativlos“. Und darauf zu warten, dass in der EU verbindliche Kontingente zur Verteilung der Flüchtlinge festgelegt würden, war von Anfang an nicht zu erwarten gewesen. Aber auch darauf beharrt unsere Bundeskanzlerin nach wie vor.

Die inzwischen reduzierten Zuwanderungsquoten gehen zum Teil auf Entscheidungen benachbarter Länder und auf den Deal mit der Türkei zurück, den uns der Erdogan-Diktator vorschreibt und damit ein Erpressungsmoment in seiner Hand hält. Und die inzwischen vorliegenden Verteilungs- und Zuwanderungsquoten sind auch nur halbherziges Stückwerk, um wenigstens etwas in einer verfahrenen Flüchtlingspolitik vorzuweisen.

Was könnte man in der augenblicklichen Situation tun, um das anstehende Problem tatsächlich zu beheben? Vertragsbrüche wurden im Euroraum inzwischen mehrfach begangen. Es kommt also auf einen Bruch mehr oder weniger auch nicht mehr an, denn bedenkt man, dass aus der ursprünglichen Währungsunion eine *Schulden- und Haftungs*union gemacht wurde, und gegen den Stabilitäts- und Wachstumspakt 165! mal verstoßen wurde, dann sollten wir in der Zukunft bei einem weiteren Vertragsbruch auch keine Skrupel mehr haben, wenn das Problem national und rigoros angegangen wird. Konsequente Alleingänge sind jetzt gefragt.

Eine europäische Einigung ist in der Flüchtlingskrise nicht in Sicht. Deshalb ist ein nationaler Alleingang gefordert, der von verschiedenen Euroländern schon praktiziert wird. Statt den schwarzen Mann an die Wand zu malen, was geschähe, wenn die Grenzen im Euroraum dicht gemacht würden – was natürlich die Kassandrarufer auch nicht wissen können –, wäre es in der Tat notwendig, die Grenzen für jedes Land zu schließen. Das strikte Abweisen spräche sich im Zeitalter der digitalen Medien schnell herum und der Wunschkontinent Europa, speziell Deutschland, würde dann schnell aus den Köpfen der Zuwanderer und Wartenden verschwinden. Schengen muss also vorübergehend auf Eis gelegt werden, bevor dann die Grenzen für Eurobürger wieder fallen. Und unsere Außengrenzen müssen zuverlässig gesichert werden, eine Einreise nur unter strengsten Kriterien zugelassen werden. Den Irrsinn, der in Nahost und sonst wo ausgeführt wird, den können wir sowieso nicht, auch nicht der gesamte Westen, ändern. Tätige Hilfe macht nur an Ort und Stelle, im Kulturkreis dieser Menschen, einen Sinn.

Und die bereits Eingewanderten darf man nicht gefühlsbetont, sondern rational behandeln. Sie müssen wissen, dass sie, wenn sie aufgenommen werden wollen, auch Pflichten zu erfüllen haben wie jeder andere Bürger auch. Integration ist die Teilnahme am wirtschaftlichen, am kulturellen und gesellschaftlichen Leben. Sie ist ein Angebot für jeden, der länger im Lande weilt, zumal für jeden Asylanten, der Schutz vor Verfolgung bei uns sucht. Sie nimmt *verpflichtenden* Charakter an für Ausländer, die auf Dauer im Lande bleiben wollen (Josef Isensee).

Also nicht wir müssen Purzelbäume schlagen, um die Muslime zufrieden zu stellen, sondern sie müssen sich dem Gastland anpassen, umso mehr, wenn sie zugunsten unserer ärmeren Bevölkerung im Augenblick bevorzugt werden. Es geht nicht an, dass sie Forderungen stellen, weil sie „eingeladen" wurden. Auch dürfen sie sich nicht so verhalten wie in ihren Heimatländern, also ihre gesellschaftlichen Gewohnheiten hier so ausleben wie zu Hause. Anpassung ist das Gebot eines Gastes.

Die Integration erfordert strenge Verhaltensregeln, die beim Übertreten spürbar geahndet werden müssen. Ein deutscher Bürger wird spürbar bestraft, wenn er jemand bestiehlt, körperlich bedroht oder verletzt, jemand beleidigt, das andere Geschlecht bedrängt oder vergewaltigt und mit falscher Identität herumläuft. Einen Migranten lässt man mit „aller Härte“ wieder laufen.

Am 13. April erschien in der FAZ ein Bericht, unterzeichnet von dem Bundespräsidenten a. D. Prof. Roman Herzog u. a. prominente Personen. Darin wird auf das Versagen der etablierten Parteien in der Flüchtlingskrise hingewiesen, und ein Grund für das Erstarken der AfD ist darin genannt: *Der Antiparteien-Populismus, der den Aufstieg der AfD begleitet, ist zunächst und vor allem dem Versagen des „Altparteien-Establishments“ geschuldet. Denn irgendwann suchen sich Teile des Volkes ein Ventil und sorgen für Veränderung. Populismus ist kein Stigma, sondern eine Reaktion auf die Negierung von Problemen durch die herrschende Politik.*

Um vor dem Umgang mit der AfD zu warnen, wirft das Altparteien-Establishment den Bürgern Populismus vor, und der AfD, dass sie kein Programm hätte. Aber kann man der AfD denn vorwerfen, dass sie noch kein Programm hat, außer dass sie bei den rasant eingetretenen politischen Veränderungen nur die vorrangigen Themen wie Flüchtlingskrise und Schuldenkrise aufgegriffen hat bzw. aus diesen Themen hervorgegangen ist? Wie sah es denn bei den Grünen in der Gründungszeit aus, wo sich ebenfalls sehr suspekte Gestalten tummelten, die damals auch nur sehr begrenzt über Themen verfügten? Aus Ihnen haben sich inzwischen respektable Repräsentanten ihrer Partei gemausert. Rechts und rechtsextrem in einen Topf zu werfen und zu hoffen, damit punkten zu können, funktioniert nicht mehr. Das sollten langsam auch unsere Politiker in der Koalition eingesehen haben.

Aus diesem selbstgefälligen Verharren und der nur tröpfchenweise entstandenen Anpassungen an die neue Situation blieb keine Zeit mehr für einen Gedanken an die Zukunft, geschweige für eine Antwort auf die möglichen gesellschaftlichen Veränderungen im Land und in der Europapolitik. Das wird dazu führen, dass unserer etablierten Parteien immer mehr von anderen bedrängt werden, ihre Richtung zu ändern.

„Der Islam gehört auch zu Deutschland“. Diesen Spruch hatte Christian Wulff seinerzeit in seinem Amt als Bundespräsident leichtfertig auf der Zunge. Muslime gehören inzwischen natürlich zu Deutschland, nicht aber der Islam. Er ist nur geduldet. Wer das anders sieht, verleugnet das christliche Abendland mit all seinen Errungenschaften. Man stelle einmal andersherum die Frage in Nahost, wenn man daraus eine gültige Aussage machen will: Das Christentum gehört auch zu Arabien, zum Iran, zum Irak, zu Afghanistan, zur Türkei u. a. Ländern. Über einen solchen Propheten würde die Sharia ein Todesurteil verhängen (müssen).

Es war sehr einfältig zu glauben, dass durch die Beseitigung der Diktatoren in den vom Islam beherrschten Ländern eine Demokratie von heute auf morgen hätte eingeführt werden können. Das ist so naiv, als würde man glauben, die Französische

Revolution sei auch schon im frühen Mittelalter möglich gewesen, oder die Macht der katholischen Kirche hätte im Mittelalter schon durch einen demokratischen Staat ersetzt werden können. Dieser Wandel brauchte Zeit, sehr viel Zeit.

Kommen wir zurück auf das Thema der Flüchtlingskrise. Hier sei eine Frage legitim: Flüchten die Menschen in Nahost vor dem Krieg oder vor dem Islam? In erster Linie doch wohl vor ihren grausamen Glaubensbrüdern und dann erst vor der entstandenen Armut. Daraus lässt sich schließen, dass die Flüchtenden dem religiösen Konflikt den Rücken kehren und Zuflucht bei den Ungläubigen suchen, wo sie neue Existenzen gründen wollen. Und dazu wird ein neutrales Land, wo zumindest keine Glaubenskriege zu erwarten sind, ausgewählt. Und das ist die westliche Welt, besonders Deutschland, wo auch die Religion kein bestimmender Faktor für die Politik einer Regierung ist.

Man fragt sich, warum diese Expansionen jetzt wieder dem Kontinent Europa gelten. In Asien sind die Verhältnisse offenbar zu schwierig und zu wenig erfolgversprechend, weil entweder andere Diktatoren oder kommunistische Regime herrschen, die keine religiösen Strömungen dulden. Es bietet sich also der Westen an, wo sie weder von Diktatoren noch von Kommunisten etwas zu befürchten haben und wo sie sich in demokratischen Systemen mit grenzenloser Toleranz ungestört einfügen können.

Während einst die Islamisierung von Herrschern kriegerisch ausgetragen wurde, um dem Propheten wohlgefällig zu sein, sind die heutigen islamischen Invasionen anders gelagert. Der Unterschied zur Geschichte besteht darin, dass heute Kriege aufgrund innerreligiöser Konflikte geführt werden, die die Bevölkerung in die Flucht treiben, eine Völkerwanderung auslösen, die sich über Europa verteilt, es infiltriert und ihren Glauben widerstandslos in den Westen verlagert, einschließlich der Probleme, die sie mitführen.

Dass sich die islamische Infiltration nun erneut auf Europa erstreckt, ist den islamischen Herrschern, speziell Saudi Arabien, eher willkommen. Die Welt zu islamisieren, wohl auch, um die einstigen historischen Pläne der islamischen Weltbeherrschung erneut zu beleben, um wieder Glaubensbrüder zu gewinnen, indem man ins Abendland eindringt und die Regionen dem Islam zuführt, kann nur in ihrem Sinne sein, denn auch heutzutage schwebt ihnen eine islamische Globalisierung vor.

Die Verbreitung des Islam ist also keine neuzeitliche Erscheinung. Während sie ursprünglich kriegerisch ausgetragen wurde, verläuft sie nun in einer anderen Form.

Die ursprünglichen Ursachen für die kriegerischen Expansionen waren Missionierungs- und Herrschaftsinteressen. Heute sind die Expansionen den innerislamischen Konflikten geschuldet, und die Ausbreitung erfolgt durch Flucht der islamischen Bevölkerung in das christliche Abendland.

Es ist also nicht neu, wenn Europa erneut zu islamisieren droht, denn man kann doch nicht glauben, dass die unterschiedlichsten Flüchtlinge, eben weil sie aus verschiedenen islamischen Religionszugehörigkeiten kommen und hier eine neue Heimat suchen, ihre Spannungen dann nicht auf europäischem Boden austragen werden. Eine jede Religion erstarkt in Zeiten materieller Not. Und die werden wir im reichen Westen auch wieder zu spüren bekommen.

Zunächst spielt bei den Geflüchteten ihre Religion keine Rolle, existentielle Gründe stehen im Vordergrund. Die Probleme werden erst dann beginnen, wenn die Muslime gezwungen sind, unter schwierigeren Bedingungen im fremden Land eine Existenz aufzubauen, und wenn sie sich unserer freiheitlich demokratischen Grundordnung und Werteordnung stellen müssen, die sich in den entscheidenden Fragen völlig konträr zu der ihren verhält. Spätestens dann werden wir mit dem noch verhaltenen Islam konfrontiert werden, der weder Toleranz kennt, noch Achtung vor einem Menschenleben hat. Ein Menschenleben ist im Islam nichts wert, besonders dann nicht, wenn es sich um einen Ungläubigen handelt, denn so manch eine schlichte Natur unter ihnen glaubt, dass ihm sogar eine Belohnung für das Morden winkt. Und das gilt nicht nur für den IS. Ich erinnere nur an die bekannten Schriftsteller und Karikaturisten, die nach der Sharia mit der Todesstrafe belegt wurden.

Mit dem Krieg gegen Saddam Hussein setzten sich die heutigen Probleme fort. Nachdem die USA sein Regime 2003 beseitigte, und ihn am 5. November 2006 durch den Strang hinrichtete, blieb seither ein Machtvakuum zurück, das sich, so glaubten oder hofften die Amerikaner, nun in eine demokratische Entwicklung münden würde. Was finden wir 10 Jahre danach in diesem Land vor?

Wo auch immer die Weltmacht USA sich einmischte und die Herrscher beseitigte, ist Frieden nirgendwo erreicht worden. Vielmehr hinterließen diese Invasoren überall Bürgerkriegszustände. Von einer Demokratisierung sind diese Völker weit entfernt, denn sie haben keine anderen Staatformen kennengelernt außer diktatorische oder islamische. Etwas anderes kennen sie nicht.

Das eigentliche Übel begann 1975 mit der iranischen Revolution, wo Ajatollah Sejjed Ali Chamne'i ein Kalifat mit seinen strengen Lebensregeln errichtete, seine Gegner im Land gnadenlos beseitigte und die USA und Israel zu den ärgsten Feinden erklärte. Das hatte von nun an Auswirkungen auf den Nahen und Mittleren Osten, mit dessen Ergebnis wir es jetzt zu tun haben.

Es befreiten sich mit oder ohne ausländische Hilfe die Völker im Mittleren und Nahen Osten und den nordafrikanischen Staaten nach und nach von ihren Diktatoren und hinterließen dabei einen Brandherd nach dem anderen. Eine Demokratisierung ist nirgendwo zu erkennen, denn die nun zur Macht Drängenden ihrerseits erhoben nun Anspruch auf die Herrschaft. Damit wurden neue Konflikte geboren.

Es gab dabei zwei grundlegende Strömungen: Die einen hatten verschwommene Vorstellungen von einer demokratischen Ordnung, die sie nach westlichem Vorbild übertragen wollten. Für die anderen kam nur eine islamische Herrschaft, in welcher Form auch immer, infrage. Erstere Strömung ist in diesen Ländern sehr rudimentär, hat von vornherein keine Aussicht auf Erfolg. Zu einem Staat nach islamischem Vorbild gibt es von Seiten der gläubigen Muslime aber keine Alternative; eine Demokratie nach westlichem Vorbild wird sich also in den kommenden Jahrzehnten nicht durchzusetzen sein, weil eine Minderheit gegenüber einer unüberschaubaren islamischen Mehrheit keine Chancen hat. Das wird erst möglich sein, wenn eine aufgeklärte Bevölkerung entsteht, was wiederum mit Bildung einer breiten Bevölkerungsschicht zusammenhängt. Und die steht aus heutiger Sicht in diesen Ländern in den Sternen, zumindest in weiter Ferne.

Aus heutiger Sicht lässt sich sagen, dass die Bevölkerung in islamischen Staaten nur durch den Zwang von brutalen Diktatoren oder ebenso radikalen Islamführern zu beherrschen war. Beseitigt man diesen Zustand, entsteht unübersichtliches Chaos, wie man überall dort feststellen kann, wo die Systeme gestürzt wurden. Ruhe entsteht erst dann wieder, wenn eine brutale Herrschaft die Macht übernimmt.

Nach der Beseitigung der diktatorischen Herrscher in Nahost und Nordafrika begann der Kampf um die islamische Herrschaft und nicht etwa um eine demokratische. Die heftigen Auseinandersetzungen religiöser Strömungen ziehen sich dann so lange hin bis ein neuer Herrscher die Situation ergreift und mit aller Härte in seinem Machtstreben wie seine Vorbilder vorgeht. Die Ursachen liegen also im Islam selbst begründet, in seinen unversöhnlichen Eigenschaften, der Unnachgiebigkeit, in seinen Herrschafts– und Machtansprüchen, in seinem Fanatismus. Wir haben es beim Islam nicht mit politisch staatstragenden Überlegungen zu tun, sondern mit Eigenschaften, die durch die Religion geprägt wurden, und die einer Demokratisierung im Wege stehen.

Das Hauptproblem in der islamischen Welt ist also der Anspruch, wer im Staate das Sagen hat. Es sind die, die den „wahren" Glauben an Allah besitzen. Aber wer ist das? Sind es die Sunniten, sind es die Schiiten, ist es der IS oder der Dschihad? Auch hier erkennt man nur das kompromisslose Beharren auf die Ansprüche eines jeden. Und ein solches Verhalten ist in den Köpfen der Muslime so fest eingebrannt, dass es zu keiner Einigung führen wird, so sehr sich der Westen auch in der Jetztzeit darum bemüht hat oder durch Einmischung zu ändern versucht hat. An dieser inneren

Verfeindung ändern auch wir nichts, wenn wir die Geflüchteten aufnehmen. Im Gegenteil. Ihre Probleme tragen sie zu uns.

Das Stammesdenken unter den rivalisierenden Glaubensbrüdern und den islamischen Fundamentalisten ist überwiegend von Gewalt und Intoleranz geprägt. Allein in Syrien und dem Irak waren inzwischen Millionen Menschen ihre Opfer. Eine Versöhnung liegt in unerreichbarer Ferne.

Nach den Aufständen in den nordafrikanischen Ländern und der Beseitigung ihrer Alleinherrscher wurden diese durch andere, nicht minder herrschende Despoten ersetzt und in Nahost durch den IS. Würde man also einen Baschar al-Assad beseitigen, würde ein anderer, vielleicht ein Herrscher noch schlimmeren Kalibers (wenn das überhaupt noch möglich ist), an die Macht gelangen und sofort mit Massakern und Gräueltaten gegenüber seinen bisherigen Gegnern loslegen.

Den Menschen fehlt eine große aufgeklärte Mittelschicht, die im 21. Jh. angekommen ist, die in der Lage wäre, eine Führung hin zur Demokratie aufzubauen. Aber die gibt es nicht. Woher sollten diese Eliten aus diesen Ländern auch kommen, deren Herrscher entweder im Namen Allahs oder von machthungrigen Despoten eine liberale oder demokratische Ordnung mit brutaler Gewalt sofort im Keime erstickt haben?

„Ruhe“ existierte in den vom Islam regierten Ländern nur so lange und deshalb, weil die Despoten durch Ausübung brutalster Macht, das betrifft sowohl die weltlichen als auch islamischen Herrscher, keine fortschrittliche Entwicklung zuließen. Am brutalen Vorgehen beim Durchsetzen sowohl religiöser als auch weltlicher Interessen war keine Seite besser als die andere. Offenbar bedarf es einer so unversöhnlichen Tyrannei, um die islamische Welt überhaupt im Zaum zu halten.

Es ist also verständlich, wenn Menschen dieses Glaubens, die zu uns gelangt sind und erkennen, dass sie hier mit Samthandschuhen angefasst werden, den Respekt und die Akzeptanz unserer Gesellschaft gegenüber vermissen lassen, ihre Rechte aber einfordern, weil sie von unserer Seite nichts mehr zu befürchten haben. Unsere Form des Miteinanders verstehen sie nicht. Sie sind in einem Umfeld aufgewachsen, wo Steinigungen, Auspeitschen, Erhängen, Martern und Töten legitime Ausübungen der Herrscher sind. Nur diese drakonischen Maßnahmen fürchten sie. Man erkennt das daran, wenn muslimische Straftäter zur Verbüßung ihrer Strafe in ihre jeweilige Heimat überstellt werden sollen, dass sie sich dann mit Händen und Füßen gegen die Abschiebung wehren. Unsere Strafen erscheinen ihnen eher als eine Belohnung.

Man sollte auch mit dem Wortgeklingel aufhören, dass man nicht gleich alle Muslime unter Generalverdacht stellen soll, wenn ein Terroranschlag stattgefunden hat. Tatsache ist, dass all die Täter dem Islam angehören, einer Religion, die weder das Wort Versöhnung noch Toleranz kennt, die keine Achtung vor einem

Menschenleben haben, vor den Ungläubigen schon gar nicht. Deshalb spielt es auch keine Rolle, wenn bei den Anschlägen selbst Kinder umgebracht werden. In diesem Geiste ist ein jeder Moslem aufgewachsen. Sollte man nach solchen Anschlägen sein Misstrauen gegen sie sofort wieder vergessen?

Die vielen bereits seit Jahren Integrierten verhalten sich in unserer Gesellschaft mehr oder weniger still, denken aber weiterhin in ihrem Glauben. Das kommt auch deutlich zum Ausdruck, wenn ein Moslem mit unserer Exekutive zu tun bekommt. Er verhält sich dann in vielen Fällen respektlos, argumentiert nach seinen Regeln und fühlt sich dadurch im Recht. Wie anders sollte er sich auch einem Ungläubigen gegenüber auch verhalten? Und bei Attentaten ist von deren Seite nie ein aufbäumen zu erkennen, indem sie diese Anschläge aufs schärfste verurteilen.

Generalverdacht wäre so lange aufrecht zu erhalten bis zu erkennen ist, dass ein Moslem zu unserer freiheitlichen Grundordnung nicht nur mit einem Lippenbekenntnis steht, sondern sie in seiner Haltung als Fortschritt seines bisherigen Denkens zu erkennen gibt. Nach all dem, was man täglich erlebt, ist kaum ein anderer Schluss zu ziehen, als dass ein jeder streng gläubige Moslem eine potentielle Gefahr für die westliche Gesellschaft darstellt. Denn wie verhalten sich die Islamvertreter in Deutschland, wenn Gräueltaten vom Islam verübt werden? Sie schweigen meist, qui tacet, consentire videtur. Dieser Spruch der alten Römer, wer schweigt, stimmt zu, hat hier seine Gültigkeit! Oder sie geben wachsweiche Statements ab.

Das Verhältnis zur Frau in unserer Gesellschaft, unser gesellschaftliches Miteinander und unser Verhältnis zum Staat und zur Religion muss auf sie zunächst so wirken, als seien sie im Paradies angekommen, wo alles erlaubt ist. Damit sind und werden ihre kleinen und großen „Ausrutscher" jetzt und zukünftig zu erklären sein, es sei denn, wir führen gegen ihre Verfehlungen (zum Beispiel Silvesternacht in Köln) strengere Strafen ein, denn Überzeugungsarbeit oder Ermahnungen kann und wird bei einem Moslem nicht zu einem Umdenken führen. Eine Frau mit einem Minirock oder einem üppigem Dekolleté werden sie doch niemals als normal ansehen können, wo sie doch in einer Umgebung aufgewachsen sind, wo von einer Frau nur noch die Augenschlitze zu sehen sind.

Erstes aufmüpfiges Verhalten wurde kürzlich über eine völlig verhüllte Muslimin berichtet, die sich weigerte, vor Gericht ihr Gesicht zu zeigen, was bei unserer Rechtsprechung eine Unmöglichkeit ist. Wenn ein Gericht bei uns über jemand zu richten hat, dann muss es die Person kennen, ansonsten ist keine Urteilsfällung möglich. Das aber ist nur möglich, wenn das Gesicht bekannt ist. Schließlich hatte diese Frau das Gericht damit erpresst, dass sie ihr Gesicht nur einer Richterin zu zeigen bereit war.

Zur Tötung eines Menschen ist nach dem Koran unter bestimmten Voraussetzung ein jeder Moslem aufgerufen. Was für eine Religion! Auf die Sharia beriefen sich bei Prozessen in der Vergangenheit auch schon eingebürgerte Muslime. Sie erheben also ihre religiösen Gesetze über unsere demokratische Ordnung.

In der westlichen Welt wird ein Moslem mit so vielen gesellschaftlichen Neuheiten konfrontiert, Neuheiten, die er nicht verstehen kann, die ihm von seinem Glauben her sogar als Teufelswerk erscheinen müssen. So nach und nach wird man auch uns in homöopathischen Dosen in die Denkweise der Muslime lenken, wie dieses und andere Beispiele zeigen. Und unsere Politik geht darauf selbstverständlich ein.

Ein gläubiger Moslem wird also weiterhin wie ein Wolf im Schafspelz parallel zu unserer Welt leben, auf der Straße, im Beruf und in seinem Getto. Der Islamwissenschaftler Hamed Abdel-Samad schreibt in seinem Buch: *Selbst in westlichen Gesellschaften lebende Muslime hat der Prophet fest im Griff* (Droemer, 2015). Und so etabliert sich eine Parallelgesellschaft, die sich von der unseren grundlegend unterscheidet und die uns mit ihren Regeln so nach und nach infiltriert. Während die Moslems an ihrem religiösen Lebensinhalt streng festhalten, selbst an denen, die mit unserem Demokratieverständnis nicht konform gehen, steht ihnen unsere materielle Gläubigkeit entgegen. Das sind zwei unvereinbare Lebensvorstellungen, die nicht zueinanderkommen werden, sondern immer Probleme bereiten werden.

Hinzu kommt unser Bildungsstand, dem wir unserer Gesellschaftsordnung und unserem Wohlstand verdanken. Diesen Vorsprung und die damit verbundene Aufklärung kann man nicht mal schnell aufholen. Das zeigen bereits die Bemühungen derer, die den Flüchtlingen nicht nur unsere Sprache, sondern auch die elementaren Schulkenntnisse beibringen wollen, was viele Moslime aus Überzeugung ablehnen. Da nützen auch nicht die in den Medien vorgeführten Einzelbeispiele, wo die Ausbildung eines Migranten-Lehrlings zufrieden verläuft, oder wo jemand mit ein paar deutschen Vokabeln im Fernsehen vorgeführt wird, was zeigen soll, dass ein erfolgreicher Integrationsbeginn stattgefunden hat. Das erscheint bei der großen Zahl der Fälle, wo es meist ganz anders verläuft, geradezu einfältig und dümmlich.

Das Bildungsproblem wird dazu führen, dass eine zusätzliche Kluft zwischen den Ansässigen und den Migranten über Jahrzehnte bleiben und vermutlich sich sogar noch vertiefen wird. Die Folge wird Unzufriedenheit sein. Damit wird sich ein islamisch geprägter Radikalismus breit machen. Frankreich zeigt uns mit seinen Banlieues-Unruhen diese Seite, die der Staat mit zusätzlichem Aufwand seit einiger Zeit zu beherrschen versucht. Den „Passfranzosen“ mit Migrationshintergrund schlägt mehr und mehr Misstrauen entgegen. Das führt dazu, dass in Frankreich inzwischen weniger die Flüchtlingsinvasion eine Rolle spielt, sondern die Sorgen umgeht, von einem Unruhepotential vorhandener Migranten überrannt zu werden. Es wird inzwischen vielmehr über den Islam unter dem Aspekt der Sicherheit diskutiert.

Diese Überlegungen über die Geflüchteten aus islamischen Ländern sind also etwas kritischer zu betrachten. Statt nur eine triviale Kosten-Nutzen-Rechnung ins Feld zu führen, die in den Köpfen der Politiker herumschwirrt aber auch die Manager ergriffen hat, die ihre Fähigkeiten sowieso nur für Profitgewinn und Gewinnmaximierung nutzen. Darüber sollte nachgedacht werden.

Auch von einem weiteren Blendwerk sollten wir uns nicht täuschen lassen. Man könnte glauben, dass in manchen islamischen Staaten Fortschrittsdenken schon angekommen sei, weil der technische Fortschritt dort protzig zur Schau gestellt wird, womit man eine Annäherung an den Fortschritt der westliche Welt vortäuscht. Wenn das also als Beweis dafür stünde, dass in Saudi Arabien und in Katar der wirtschaftliche Fortschritt des 21. Jh. schon sichtbar angekommen sei, weil technologische und wissenschaftliche Erkenntnisse dort umgesetzt zu finden sind und damit der Anschluss an die westliche Welt erkennbar sei, dann muss man darauf hinweisen, dass dieser Fortschritt von ausländischen Fachleuten erbracht wurde und nicht von den Einheimischen. Die sind von einer Umsetzung dieses Fortschritts meilenweit entfernt, dazu gar nicht in der Lage.

Diese Herrscher verfügen aufgrund des Erdöls über unermessliche Geldsummen, die es ihnen erlauben, ihre eigenen Leute zu „schonen". Damit stellen sie ihre Bevölkerung zufrieden. Ungläubige und teilweise auch ihre eigenen Frauen halten sie sich als gut bezahlte Sklaven in teilweise menschenunwürdigen Verhältnissen, die ihnen von der schmutzigsten bis zu intelligentesten Arbeit alles abnehmen. Ansonsten verharren sie unverrückbar auf ihre rückwärtsgewandte Welt.

Das werden auch bald unsere Wirtschaftsbosse erfahren, wenn sie mit der Arbeitsmoral dieser Zugereisten konfrontiert werden, mit denen sie ihre leerstehenden Arbeitsplätze besetzen wollen.

Das eigentliche Problem wird also nicht sein, ob wir die anstürmende Masse der Muslime in Brot und Arbeit bringen werden, sondern ob wir mit ihnen eine Entwicklung herbeiführen können, die einen positiven Einfluss auf unsere Gesellschaft nimmt. Berechtigte Zweifel sind hier angebracht.

Es sind zunächst Lösungen notwendig, die für beide Seiten einen akzeptablen Kompromiss bieten. Erstaunlicherweise kam kürzlich ein Vorschlag zum aktuellen Flüchtlingsproblem aus den eigenen Reihen, aus Nahost. Prinz Hassan ibn Talal aus dem jordanischen Königshaus mahnt, dass den Herkunftsländern durch die Migration „Humankapital" verlorengeht. Er meinte damit die intellektuelle Schicht und die vielen jungen Menschen, die das Heimatland verlassen und bei einem Wiederaufbau fehlen werden. Diese Menschen sollten bereit sein, unter entsprechenden

Voraussetzung ins Heimatland zurückzukehren, um dem eigenen Volk später beim Aufbau und bei der Entwicklung ihres Landes zu helfen, indem sie die im Ausland erworbenen Kenntnisse und Erfahrungen ins eigene Land transferieren. Dafür braucht es dann Menschen, die mit ihrem Know-how und der Arbeitskraft den Aufbau überhaupt erst ermöglichen. Und die werden aus heutiger Sicht dann nicht zur Verfügung stehen. Nach heutigen Erkenntnissen werden aber die meisten Flüchtlinge nicht mehr ins Heimatland zurückkehren und damit ihr Heimatland weiterhin im Elend belassen.

Es sieht in der Tat augenblicklich so aus, dass den Ländern durch die große Abwanderung eine notwendige Schicht mehr und mehr verlorengeht und wir diese Menschen, die dann unser Know-how besitzen, hier bleiben und wir sie aus Eigennutz behalten wollen. Wir tragen damit bewusst oder unbewusst dazu bei, dass sich diese Länder „ausdünnen", weil ihnen die notwendigen Menschen fehlen werden, wenn es später um einen Wiederaufbau geht. Diese Länder werden am Boden liegen bleiben, weil ihnen wichtige Menschen fehlen. Die Hoffnung, dass es dem Land mit den Verbliebenen jemals besser gehen wird, rückt damit in noch weitere Ferne. Und die hier Angelandeten, die sich illegal im Untergrund aufhalten, werden deshalb nicht zurückkehren, weil hier mehr zu holen ist als in ihrer verarmten Heimat.

Es muss daher die Option bei uns gesetzlich fixiert werden, dass ein jeder Asylant nur solange ein Bleiberecht bekommt, solange in seinem Land Krieg herrscht. Danach muss er zurück und seinem Land nützen. Und diejenigen, die bleiben wollen, müssen eine strenge Selektion der Integration durchlaufen, wie sie in vielen Ländern seit jeher praktiziert wird. Ansonsten tragen wir dazu bei, dass sich Armut und Elend in diesen Ländern endlos hinziehen und parallel dazu unser gesellschaftliches Gefüge aus genannten Gründen ärmer und instabiler wird.

Aus dieser Vorstellung lässt sich folgern, dass diese Menschen möglichst im Umkreis ihrer Kultur angesiedelt werden müssen. Jeweils an den Grenzen ihrer Heimat. Es müssen geschützte Siedlungen mit Hilfe des Westens errichtet werden, wo ihnen Strukturen und Perspektiven vermittelt werden, die sie irgendwann umsetzen können.

Die jetzige Lage führt nur dazu, dass nicht nur Deutschland islamisiert wird, womit soziale, gesellschaftliche und wirtschaftliche Veränderungen die Folge sein werden, sondern Teile Europas in diesen Sog geraten. Es werden Konflikte innerhalb der Muslime auf unserem Boden ausgetragen werden und Konflikte zwischen ihnen und unserer Gesellschaft. Wozu diese Religion fähig ist, sollten wir nicht verdrängen, denn solche Entwicklungen zeichnen sich in Europa ab. Und in den Ländern, wo die Menschen vertrieben werden, sinkt die Hoffnung, das jemals ein Aufbau und eine positive Entwicklung möglich sein wird. Damit wären wir mit unserem Vorgehen nicht besser als die Amerikaner: Wir schaffen Probleme dort, wo wir vermeintlich helfen, und gleichzeitig schaffen wir uns noch selbst Probleme.

Ich beende dieses Kapitel noch einmal mit der Aussage des Harvard-Ökonomen Georges Borjas, der der Meinung ist, dass es in der Tat einen Unterschied mache, wenn Flüchtlinge aus islamischen Ländern kommen. Wer das nicht sehe, verschließe seine Augen. Und ich ergänze: Ein Muslim gehört inzwischen zu Deutschland, nicht aber der Islam. Er gehört weder zu Deutschland noch zu Europa. Er ist lediglich zu tolerieren, und dort, wo er nicht bereit ist, unsere demokratischen Regeln zu respektieren, muss er verboten werden oder die damit in Konflikt Geratenen in ihre Heimat überstellt werden. Sonst werden wir uns in eine Richtung entwickeln, wo sie ihre religiösen Regeln einführen, nach denen sie leben wollen.

Die Politik des Westens idealisiert sich in der augenblicklichen Zeit eine Welt zurecht, die es nie geben wird und die im Islam ohnehin keinen Platz hat. Und mit dem europäischen Mitleid gegenüber den geflüchteten Moslems forcieren wir noch eine Entwicklung auf unserem Kontinent, wovon uns Erdogan durch seine Einflussnahme einen Vorgeschmack am laufenden Band gibt. Und seine Leute mit deutschem Pass jubeln ihm mehrheitlich noch zu. Wem das nicht zu denken gibt, ist aussichtslos mit Blindheit geschlagen.

Was kommt nach den schönen Tagen?

Wohin driftet der Westen ab, und was erwartet uns Menschen in der Zukunft? Es gilt nach wissenschaftlichen Erkenntnissen zwar als sicher, dass jegliches Leben auf der Erde ein Ende finden wird, aber nicht nur das, selbst für unser Sonnensystem, sogar für das gesamte Universum, so, wie es jetzt existiert, gilt die Endlichkeit. Doch liegen diese Szenarien in unendlich weiter Ferne. Milliarden Jahre werde vergehen, bis das eintritt. Bis dahin werden Mensch Entwicklungen mit stets neuen und ungewissen Veränderungen herbeiführen. Was in der Vergangenheit Veränderungen bzw. Umwälzungen brachten, wissen wir, was sie in der Zukunft bringen werden, wissen wir nicht, können es aber teilweise für absehbare Zeit erahnen.

Zwei Themen sind es, die zu Beginn des 21. Jh. grundlegende Veränderungen bringen werden. Zum einen trägt die westliche Welt selbst dazu bei, ihre Demokratie in der bisherigen Form zu verändern. Jede Veränderung birgt in der Zeit des Umbruchs Gefahren, indem es zu offen ist und dadurch angreifbarer wird, indem wir zu viel Angriffsfläche für andere bieten. Und zum andern steht eine reale Gefahr durch Einflussnahme des Islam auf den Westen bevor. Durch das Eindringen in unsere Gesellschaft wird der Islam grundlegende Veränderungen herbeiführen.

Freiheit, Gleichheit, Brüderlichkeit, die Parole der Französischen Revolution, ist auch heute noch der Wahlspruch der Französischen Republik. Es sind gleichzeitig auch Inhalte unserer Demokratie. Diese drei Begriffe haben sich in ihren Inhalten stets gewandelt. Ihr Wortsinn ist immer wieder unterschiedlich verstanden und interpretiert worden. Deshalb hat man sie stets der Zeit angepasst. Weil ein Idealbild aber nie zustande kommen kann, wurde es trotz der Anpassung nirgendwo erreicht. Im Islam haben aber alle drei Pfeiler überhaupt keine Gültigkeit, wie auch eine Demokratie dort keinen Platz findet.

Eine Veränderung der französischen Parole nahm zuletzt die SPD bei uns vor. Sie nahm sie in ihr Grundsatzprogramm auf, änderte sie aber ab in Freiheit, Gerechtigkeit und Solidarität. Solidarität statt Brüderlichkeit wurde deshalb gewählt, um geschlechtsneutral zu sein.

Letztendlich wird versucht, Idealbilder zu erzeugen. Idealbilder sind aber unerreichbar. Man kann nur versuchen, sich einem Idealbild zu nähern, muss Kompromisse eingehen. Welche Entwicklung hat der Westen und speziell wir auf dem langen Weg zur Demokratie inzwischen genommen, und welchen Weg schlagen wir jetzt ein?

Die lange Friedenszeit in Westeuropa hat bei vielen Bürgern dazu geführt, gleichgültig gegenüber politischen Entwicklungen zu werden. Inzwischen werden mehr und mehr die eigenen Interessen in den Vordergrund gerückt. Die lange

Friedenszeit wird von vielen Bürgern als Selbstverständlichkeit betrachtet. In dem Glauben, so werde es immer bleiben, leben doch viele.

Unter Demokratie verstehen andere wiederum eine Freiheit, in der man tun und lassen kann, was man will. Auf der anderen Seite sehen wieder andere die Freiheit zunehmend durch Beschränkungen und Einschränkungen eingeengt. Der Bürger will in seiner Wohlstandssättigung in Ruhe gelassen werden, um sich ganz seinen Freizeitfreuden zu widmen. Demokratie ist also eine schwer zu realisierende Staatsform, bei der man immer auch auf Kompromisse angewiesen ist. Und darin liegt eine reale Gefahr.

In der derzeitigen gesellschaftlichen Entwicklung sind starke dekadente Tendenzen zu erkennen. Sie haben in der Geschichte wiederholt zum Ende der jeweiligen Systeme geführt. Die Geschichte hält diesbezüglich zahlreiche Beispiele bereit. Es war stets die Dekadenz, die das Ende von Weltreichen einläutete. Der Historiker Alexander Demandt analysierte das in seinem Buch *Das Ende der Weltreiche* ausführlich für die Vergangenheit. Nun sind wir zwar kein Weltreich aber immerhin eine große Macht, eine Wirtschaftsmacht, die dieser Bedrohung ausgesetzt ist, weil sie sich selbst in die Dekadenz manövriert.

Der Demokratiebegriff wird zwar wie ein Banner überall und stets wie eine Beschwörungsformel vor sich hergetragen. Doch haben wir denn noch eine Demokratie im klassischen Sinne? Wenn darunter eine grenzenlose Toleranz verstanden wird, zerstört sich eine Demokratie allmählich selbst. Dazu tragen so manche Entwicklungen in unserem Land bereits bei.

Es kommen also verschiedene Aspekte ins Spiel. Wir richten zunehmend unser Augenmerk auf uns selbst und nicht mehr auf die Gemeinschaft, konzentrieren uns auf Vergnügen und Wohlstand, trimmen uns in Fitnessstudios, um unseren Körper zu „vervollkommnen“, womit man eine Selbstbestätigung erhofft, die mehr Anerkennung verspricht. In jedem von uns können sich nazistische Tendenzen frei entwickeln. So mancher lebt in der Vorstellung, ich bin der Schöpfer meiner selbst. Diese sich entwickelnde Nazismus-Mentalität ist inzwischen ein weitverbreiteter Lebensinhalt in unserer Gesellschaft geworden. Der Glaube an sich selbst, wofür eine Religion nur hinderlich wäre, prägt sie zunehmend. Das ruft bewusst oder unbewusst Allmachtsgefühle wach: Ich mache aus mir selbst etwas im oben genannten Sinne. Wozu dann noch Verehrung eines Schöpfers. Das muss auf einen Moslem wie ein Schlag ins Gesicht wirken, mit dem er bei uns konfrontiert wird. Das ist Gotteslästerung, für die er nur eine Antwort kennt.

Der Mensch fühlt sich umso authentischer, je näher er dem Bild von sich selbst kommt. Man wird selbst, indem man sich selbst realisiert. So hofft man, in der Gesellschaft einen angemessenen Platz zu finden. Reicht das nicht aus, werden Stimulantien genommen, in der falschen Hoffnung, um den Erfolg im Beruf und damit in der Gesellschaft zu toppen, denn nur der Erfolg wird in der Marktwirtschaft prämiert, nicht die Leistung. Und in diesem Teufelskreis kommt es nicht selten zum Versagen des Einzelnen.

Zudem besteht seit geraumer Zeit die Tendenz, politische Ansichten und nicht nur diese, zu moralisieren. Das trifft im Kleinen wie im Großen zu. Dadurch werden die politischen Ansichten des Gegners unmoralisch. Und damit wird aus einem Interessengegensatz demokratischer Art ein Kampf zwischen richtig und falsch. Und der sich im Recht Wähnende, der Gute, hört dann nicht mehr auf, Mehrheitsentscheidungen nicht mehr anzuerkennen (der Wutbürger), wie wir es zum Beispiel in Stuttgart 21 vorgeführt bekommen. Obwohl dort das Verfahren der Abstimmung bereits beendet ist, setzen einige Bürger ihren Protest fort. Diese Menschen fühlen sich – Mehrheiten hin, Mehrheiten her – immer im Recht.

Wenn man bedenkt, dass heutzutage jede noch so kleine Gruppierung Forderungen stellt, die immer nur individuellen Interessen dient, und der man meist nachgibt, weil erwartet wird, dass alles und jedes mit dem Zauberspruch Demokratie einzulösen ist, dann muss man sich nicht wundern, wenn klare gesellschaftliche Linien verschwimmen und das Fordern allmählich Stilblüten treibt. „...allen Menschen recht getan, ist eine Kunst, die niemand kann."

Welche Stilblüten das inzwischen treibt, zeigte kürzlich eine Forderung zum Welt-Aids-Tag. Es wurde der *angstfreie* Umgang mit HIV *gefordert!* Hier fragt man sich doch, was in diesen Köpfen vorgeht. Als ob man die Beseitigung von Angst fordern kann! Wollen diejenigen tatsächlich, dass der Staat verbieten soll, dass der Mensch in manchen Situationen keine Angst mehr haben darf? Was erwarten diese Menschen nicht alles vom Staat, selbst Unmögliches.

Oder, als kürzlich eine Veganerin klagte, dass das Glockenspiel (wohlgemerkt, es erklang nur die Melodie und kein Text) in ihrer Nähe abgestellt werden müsse, damit sie nicht wiederholt *Fuchs du hast die Gans gestohlen* hören müsse, ist ein weiteres Beispiel dafür, dass selbst Banalitäten eingefordert werden. Natürlich gab ein Richter dem nach – wir leben ja in einer Demokratie –, indem er das Glockengeläut auf eine andere Melodie umstellen ließ.

Hinzu kommt, dass selbst vor Kulturgütern nicht mehr Halt gemacht wird. Als Beispiel sei der evangelische Kirschentag in Berlin-Wittenberg erwähnt, wo eine kleine Gruppe von emanzipierten Frauen bekannte Texte von Matthias Claudius, Martin Luther und anderen historischen Persönlichkeiten „geschlechtsneutral" umformulierten und dieser Unsinn in 265 000 Gesangbücher abgedruckt wurde. Und die evangelische Kirche machte bei diesem Genderwahn fröhlich mit. Man will ja mit der Zeit gehen.

Damit setzt man aber die Säge auch an unserem Kulturgut an und zerstört selbst so nach und nach unsere wertvollen Überlieferungen, verfälscht und entstellt sie. Hätten wir nicht so große wirtschaftliche Erfolge, wären wir bereits jetzt nur noch Erinnerung, die ganz schnell in Vergessenheit gerät. Und dazu tragen wir selbst bei, indem wir alles der Zeit und den einzelnen Interessen anpassen wollen.

Dieses ständige und zum Teil unsinnige Fordern von Einzelnen oder Gruppen zeigt doch, in welchen Irrsinn wir uns mit unserem Demokratieverständnis inzwischen verstrickt haben und uns damit in der Welt mehr und mehr der Lächerlichkeit preisgeben, besonders in der östlichen Welt, die vor unserer gesellschaftlichen Kultur schon lange keinen Respekt mehr hat, da wir nur noch uns selbst und dem Wohlstand frönen und ansonsten ein Leben ohne die oft beschworenen Werte führen. Von der viel zitierten Werteordnung rücken wir doch immer weiter ab. Respekt vor uns hat man doch nur noch wegen unserer wirtschaftlichen Stärke und nicht wegen unserer vorbildlichen Demokratie, die sich aber durch solche Forderungen zu verwässern beginnt.

Nicht nur dass ein jeder Bürger unter Demokratie etwas anderes versteht als sein Nachbar. Auch im nationalen Bereich gibt es Unterschiede. Obwohl England, Frankreich, Italien, USA und andere Länder eine anerkannte Demokratie haben, so unterscheiden sie sich doch alle etwas voneinander. Eine jede hat ihre nationalen Eigenheiten, denn ein jedes Land stellt sich berechtigt auf nationale Gegebenheiten ein. Und die sind abhängig von scheinbar unwesentlichen Faktoren wie Geographie, Klima, Landesgeschichte, Lebensgewohnheiten ihrer Bürger und vieles mehr. Und dennoch gelten allgemein verbindliche Grundsätze für eine Demokratie. Es gibt also nicht die Demokratie, sondern landesspezifische Demokratien, bestehend aus Grundsätzlichem und Landesspezifischem. Man könnte gewissermaßen von einem nationalen Demokratiecharakter sprechen. Die Demokratie eines Landes kann also nicht eins zu eins woanders umgesetzt oder übernommen werden. Zwar können die allgemeinen Grundsätze übernommen werden, nicht aber der landesspezifische Teil.

Man sollte sich hüten, diesen nationalen Teil bei anderen zu kritisieren, nur weil er vom eigenen Konzept abweicht, denn der hängt von anderen individuellen Faktoren als von denen im eigenen Land ab. Das wird aber getan. Damit versucht man sein eigenes Demokratieverständnis zu globalisieren, versucht eine Gleichmacherei herzustellen wie es im sozialen Bereich seit Jahren angestrebt wird, und man beginnt damit gleichzeitig zu moralisieren, speziell dann, wenn die Politik im anderen Land nach eigenen Wegen sucht. Das wird von manchen Ländern, die schon etwas länger eine Demokratie haben, gern getan. Immerhin wurden auch die, die man kritisiert, ebenfalls demokratisch gewählt.

Eine jede Demokratie weist also nationale Nuancen auf. Diese können aber insbesondere von denen nicht gesehen und verstanden werden, die keine Demokratieerfahrung bislang hatten. Das sind derzeit die Flüchtlinge. Sie sind von ganz anderen Lebensinhalten geprägt. Unsere sind wegen der nationalen Variabilitäten für sie noch schwerer zu verstehen, weil sie eine völlig andere Marschrichtung kennengelernt haben.

Diese Variabilität der Demokratie birgt ebenfalls Gefahren. Einmal bestehen diese darin, dass Experimente mit ihren nationalen Details Änderungen mit ungewissen Ausgang herbeiführen können, und zum andern dürfte der Fremde Verständnisschwierigkeiten haben, wenn wir von Demokratie sprechen und er mit einer Demokratievielfalt konfrontiert wird, die ihn verwirren muss.

Der Schwachpunkt einer Demokratie besteht also hauptsächlich darin, bei Forderungen immer die richtigen Entscheidungen zu treffen. Denn im Falle einer Ablehnungen wird sofort der Vorwurf erhoben, dass das Ablehnen dem Demokratieverständnis widerspreche. Als Beispiel sei nur auf die Diskussion um die Vollverschleierung hingewiesen. In diesem Dilemma steckt eine Demokratie immer. Und jedes Land geht aufgrund seines nationalen Demokratiecharakters mit Forderungen seiner Bürger anders um. Hier stets den richtigen Weg zu finden, ist die hohe Kunst der Politik.

Da diese Kunst bei vielen unserer Politiker nicht zu erkennen ist, weil sie nur ihren Parteivorgaben folgen und indem es bei ihnen an Entschlossenheit mangelt, weil sie Wähler nicht brüskieren wollen, hat es der Islam leicht, grundlegende Inhalte einfließen zu lassen und durchzusetzen, selbst dann, wenn sie unserer Rechtsprechung zuwiderlaufen. Und so verändert sich selbstverständlich eine Demokratie auch durch diese Einflussnahme sukzessive. Einmal abgesehen von den Banalitäts-Forderungen in unserem Land, werden selbstverständlich auch islamische Forderungen mit dem Hinweis auf unsere Demokratie durchgesetzt. Mit dieser Argumentation werden wir also auch von muslimisch geprägten Zuwanderern genötigt, die selbst in ihren Herkunftsländern gar keine Demokratie haben bzw. sie niemals kennengelernt haben.

Auf der anderen Seite werden wir durch Gesetze mehr und mehr reglementiert und überwacht. Der Staat mischt sich fast unbemerkt in intime und private Bereiche ein und ist auch bei der Meinungsbildung manipulativ dabei. Wir werden zunehmend von außen dirigiert und bevormundet. Auch der Journalismus informiert oft nicht mehr, wie er es tun sollte, sondern stellt zeitweise ungehemmt seine eigene Meinung in den Raum. Nicht unbeabsichtigt erschien kürzlich in einer Zeitung der Begriff einer „Kanzlerdiktatorin". Damit will man zum Ausdruck bringen, dass die Kanzlerin sagt, was richtig und was falsch ist, was geht und was nicht geht, was alternativlos ist – und die Medien blasen oft ins gleiche Horn. Das ist nichts anderes als die zuvor erwähnte Moralisierung politischer Ansichten.

Die Einflussnahme über digitale Daten im Rahmen des digitalen Wandels ist eine weitere Gefahr. Er wird neue Probleme schaffen, die in ihrem Ausmaß noch längst nicht abzuschätzen sind. Indem sich Hacker in unsere Systeme einhacken, nehmen sie Einfluss auf Politik, Wirtschaft und Gesellschaft über alle Grenzen hinweg. Das wird in der Zukunft einen immer größeren Platz einnehmen, auch die Vernetzungen untereinander. Wenn wir nicht in der Lage sind, uns davon irgendwie abzuschotten bzw. wenn wir nicht in der Lage sein werden zu verhindern, dass diese Systeme anonym agieren können, wie sie wollen, werden die Folgen bald noch stärker zu spüren sein.

Ein Experiment im Rahmen der letzten Präsidentenwahl in den USA konnte belegen, dass das Internet extreme Standpunkte verstärkt und Meinungsvielfalt erstickt (Cass Sandstein, Harvardprofessor für Politikwissenschaften). Bei Abstimmungen und bei Wahlen wird das eine immer größere Rolle spielen. Auf die vermeintliche Einflussnahme von Russland auf den amerikanischen Wahlkampf sei nur nebenbei hingewiesen. Der Einfluss des Internet ist also auch in solchen Fällen nicht zu unterschätzen.

Feind der Demokratie ist also auch die digitale Revolution. In den Rechnern weltweit sind Milliarden Informationen über uns Menschen gespeichert. Mit den enormen Sammlungen dieser privaten Daten lassen sich Profile erstellt, die natürlich nicht in den jeweiligen Schubladen verbleiben werden. Hier kommt das Zauberwort Algorithmus ins Spiel, was Programme zur optimalen Lösung von Aufgaben bedeutet.

Die Kategorisierung der Bürger war stets eine Begleiterscheinung totalitärer Entwicklungen (NS, SED-Staat, das derzeitige Präsidialsystem in der Türkei). Die australische Publizistin Kate Crawford äußerte auf der Konferenz South by Southwest ihre Bedenken gegen diese Programme, gegen die Algorithmen, indem sie sagte: *Lassen sich Algorithmen entwickeln, die ähnlich wie im Online-Marketing aus den gesammelten Daten Vorhersagen über Verhaltensweisen der Erfassten treffen? Was passiert, wenn sie sich irren?* Mit ihr befindet sich die Demokratie auf dem Rückzug, so glaubt sie.

In den meisten Köpfen vieler westlicher Politiker – und nicht nur bei diesen – scheint das Vertrauen in solche scheinbar alternativlosen Lösungen tief zu sitzen. Sie sind der Meinung, das sei der Weisheit letzter Schluss.

Außerdem sind Gefahren für unsere Demokratie auch im System selbst enthalten. In unserer Parteienlandschaft tummeln sich immer mehr kleinere Parteien, die bei Wahlen die Fünfprozenthürde überspringen. Das hat einen entscheidenden Nachteil. Wenn eine große Partei um Mehrheiten feilschen muss, dann können diese kleinen Parteien im Rahmen einer Koalition am Regieren teilnehmen und ihre Ziele, die dann nicht mehr der Mehrheit der Bevölkerung entsprechen, durchsetzen. Dadurch verzerren sich politische Entwicklungen, die nicht mehr repräsentativ für des Volkes Wille sind, sondern nur 5-10 Prozent der Wähler (nicht der Bevölkerung) entsprechen. Sie sagen dann der Mehrheit, wo bei einer Minderheit die Interessen liegen, die sie dann durchsetzen. Auch das wird inzwischen als Demokratie verstanden.

So zeigt zum Beispiel das Schulsystem, wie auf dem Rücken unserer Kinder besserwisserische Schulpolitik von einer Minderheit gemacht wird. Das Beispiel mit der längst obsoleten Inklusion führt das vor Augen, wie an unsinnigen Ideen stur festgehalten wird.

Dass die Inklusion praxisuntauglich ist, geht aus einer Forsa-Lehrerbefragung im Auftrag des Verbandes Bildung und Erziehung hervor. Sie hat weder dazu beigetragen, dass das geistige Niveau der Minderbegabten besser geworden ist, noch dass das Niveau der durchschnittlich Begabten sich verbessert hätte. Von den Hochbegabten erst gar nicht zu sprechen. Und dennoch wird aus rechthaberischen Motivationen daran festgehalten.

Und schließlich ist an den ganzen Veränderungen unsere Kanzlerin nicht unbeteiligt. Als 1997 die Kronkolonie Hong Kong friedlich an China abgetreten wurde, vollzog sich unter dem Einfluss Chinas langsam und friedlich eine Veränderung. Selbst wenn man jetzt noch den Hong Kong-Chinesen so manche Privilegien eingeräumt hat, so ist es eine Frage der Zeit, bis eine Angleichung an die Festlandchinesen stattfinden wird. Nicht nur die Politik, auch Kulturgut wird dort allmählich ersetzt. Und das vollzieht sich ganz ähnlich in unserem Land. Es spielt also eine ganz entscheidende Rolle, wer in der Politik die Richtung bestimmt. Solche Parallelen lassen sich inzwischen auch in unserem Land erkennen. Mit der Infiltration von ostzonalem Gedanken, was bewusst oder unbewusst von der „mächtigsten Frau der Welt" eingebracht wird, da sie von diesem Gedankengut epigenetisch geprägt ist, erkennen wir bereits eine Entwicklung, die durchaus Parallelen zum o. g. Beispiel aufweisen. Eine solche Entwicklung ist aus analytischer Sicht zwar zu erklären, nicht aber von vielen erwünscht. Und so werden sich auch von dieser Seite allmählich Widerstände bilden, die zunächst nur Ambivalenzen entstehen lassen, die dann aber irgendwann auch die rechtsextreme Seite befeuert.

Zur Demokratieveränderung kommt ein weiterer Brandbeschleuniger hinzu, der auf den gedeihlichen Boden unserer hedonistischen Lebensweise fällt und damit das Ende unserer Wohlstandsgläubigkeit beschleunigt. Das ist der Islam.

Solche Veränderungen werden bereits sichtbar. Sie infiltrieren allmählich unsere Gesellschaft. So nach und nach fließen sie in den Alltag ein und erfassen das gesellschaftliche Miteinander, indem sie es spaltet. Die Befürworter des Multi-Kulti mit ihrer grenzenlosen Toleranz gegenüber den Zuwanderern treibt diesen Vorgang an und vertieft den Riss in der Gesellschaft. Zwar beobachten wir diese Spaltung schon geraume Zeit, doch die Auseinandersetzung wird härter und gezielter.

Wenn man bedenkt, dass gegen Widerstände einst das Vermummungsverbot eingeführt wurde, weil in erster Linie die Identität einer Person in einem freien Land nicht unkenntlich gemacht werden darf. Um Straftäter zu erkennen aber auch, um nicht in einer Gesellschaft anonym miteinander zu verkehren, regelte man eine Selbstverständlichkeit in unserer Gesellschaft, die man auch von jedem Integrationswilligen verlangen muss.

Es wundert daher, dass keine Einigung in der Frage zustande kommt, ob die Burka oder Niqabin in der Öffentlichkeit, in Ämtern und Behörden und auf der Straße getragen werden darf oder nicht. Um zu erkennen, mit wem wir es zu tun haben, mit wem wir zusammenleben, wer unter uns ist und welche Person uns gegenübertritt, deshalb wurde das Vermummungsverbot eingeführt. Das Zeigen des Antlitzes unserem Gegenüber ist Bestandteil unseres gesellschaftlichen Zusammenlebens. Von Angesicht zu Angesicht. Wer das nicht akzeptiert, akzeptiert nicht das Land, in dem er leben möchte, akzeptiert nicht die gesellschaftlichen Regeln des Landes, in dem er aufgenommen werden möchte.

Wenn eine Muslimin, wie in der Presse zu lesen war, selbst im Gerichtssaal es kürzlich ablehnte, ihr Gesicht zu zeigen, dann verstößt das gegen diese unsere gesellschaftliche Regel. Sie erzwang schließlich, dass nur eine Richterin ihr Gesicht sehen durfte. Dieses Beispiel zeigt stellvertretend, wie Moslems ihre traditionellen Gewohnheiten, die nicht in unsere Gesellschaft gehören, bei uns durchzusetzen versuchen und in unsere gesellschaftlichen Regeln und Gesetze einfließen lassen.

Wenn man hört, dass Schüler sich von Lehrerinnen nicht unterrichten lassen wollen, weil eine Frau einem „Mann“ nach ihrem Glauben nichts zu sagen hat, oder wenn ein moslimischer Schüler fordert, dass man während des Unterrichts ihm einen Raum zur Verfügung stellen muss, damit er ungestört beten kann und sich dabei auf die Religionsfreiheit beruft, dann deutet das in die gleiche Richtung.

Die Respektlosigkeit ist sicherlich auch mitbeteiligt an der Tatsache, dass Lehrerinnen (inzwischen auch Lehrer) zunehmend von Schülern auch tätlich angegriffen werden und dem Schüler nichts passiert, weil unter einem Rechtsbeistand dem Lehrer die Schuld für diese Entwicklung gegeben wird, und diese Früchtchen dadurch ermutigt werden, noch dreister zu werden. Damit geht aber jeglicher erzieherische Ansatz und Respekt verloren, den man meistens schon beim Elternhaus oder den Andersgläubigen vermisst, von der Schule aber nach wie vor erwartet, dass sie diesen Auftrag erfüllt. In Wirklichkeit ist das ein Trend, der bereits zu erkennen war, als islamisch geprägte Zuwanderer aus der Türkei zu uns kamen.

Wenn heute kein Schüler mehr sitzen bleiben darf, weil es wiederum am Lehrer liegt, wenn er den intellektuell Schwachen keine Hochschulreife vermitteln kann, dann stimmt doch etwas nicht an unserem System. So wächst eine junge Generation heran, mit Nachsicht und zu viel Verständnis in jeder Hinsicht verwöhnt. Wir stellen uns auf ein neues Bildungs- und Erziehungsniveau ein.

Wenn Polizei kaum noch wagt, gegen gefährliche und bewaffnete Verbrecher die eigene Waffe zu ziehen, weil sie sich verteidigen müssen, um nicht selbst erschossen zu werden, dann aber wegen Körperverletzung oder Totschlag in langen Verfahren angeklagt und bestraft werden, dann stimmt auch etwas nicht im legislativen Bereich unseres Staates. Bedenkt man, dass jährlich 13000! Körperverletzungen an Polizistinnen und Polizisten verübt werden, dann sollte das nachdenklich machen und bei den Verantwortlichen zu Konsequenzen führen, bevor es dazu kommt, dass sich für diese Berufsgruppe niemand mehr zur Verfügung stellt. Die Polizisten riskieren bei ihren Einsätzen mehr als die Kriminellen selbst.

Wenn die Polizei aufs schlimmste ohne Konsequenzen unflätig und respektlos beschimpft werden kann, wie es täglich an der Tagesordnung ist, dann ist doch etwas „faul im Staate Dänemark“.

Der Respekt vor staatlichen Organen liegt bei uns am Boden. Neben vielen anderen Tatsachen liegt also in Deutschland inzwischen so manches im Argen, was dennoch immer mit dem Begriff der Demokratie zu rechtfertigen versucht wird. Trotz gegenteiliger Behauptungen verschiebt sich mehr und mehr das Täter-Opfer-Verhältnis zugunsten der Täter, weil man die eigenen und beklagenswerten fremden Täter mit Nachsicht behandeln müsse, die Fremden im fremden Land besonders.

Respekt vor der staatlichen Ordnung und konsequentes Durchsetzen von Recht und Ordnung, ohne dass ein „schräger“ Rechtsanwalt, Staatsanwalt oder Richter das zunichte macht, darf nicht zur Verwässerung einer Rechtsordnung führen. Diese kann nur so stabil sein, wie es eine *strenge und konsequent* ausgeführte Rechtsordnung ausnahmslos gebietet, sonst gerät eine demokratische Rechtsordnung in Gefahr.

Demokratie ist ohne Zweifel die beste aller bestehenden Staatsformen. Doch ist darunter nicht zu verstehen, dass eine grenzenlose Freiheit auf allen Gebieten für jeden zugelassen werden darf, auch nicht, dass man so tolerant wie nur möglich sein muss. So wie die antiautoritäre Erziehung Ende der sechziger und siebziger Jahre keine Erziehung war, so ist ein zu weit gefasster Begriff von Demokratie keine Demokratie mehr, sondern ein allmählich sich auflösendes System durch sich selbst.

Und in diese Entwicklung drängt sich ein weiteres Problem auf. Auch das schaffen wir uns mit unserer großherzigen Willkommenskultur. In den kommenden Jahren werden Millionen Menschen vom afrikanischen Kontinent nach Europa drängen. Allein aus Somalia kamen bislang 1,1 Millionen nach Europa. Dazu kommen weitere aus den Kriegsgebieten vom Mittleren und Nahen Osten. Zwischen Januar und September 2016 kamen allein nach Deutschland wieder 657.855 Flüchtlinge aus Syrien, Afghanistan und dem Irak (*Spenden 2016*, Magazin, herausgegeben vom

Deutschen Zentralinstitut für soziale Fragen). Diese Menschen kommen fast ausschließlich aus islamisch geprägten Ländern.

Von den Flüchtlingen des afrikanischen Kontinents werden in erster Linie existentielle Gründe für ihre Flucht genannt. Doch bedenkt man, dass unter diesen Volksgruppen Somalier, Marokkaner, Tunesier, Libyer, u. a. Menschen sind, die eines verbindet: ihr muslimischer Glaube. Und ein weiteres kommt hinzu. Unter ihnen sind viele Analphabeten, also unqualifizierte junge Menschen, die mit völlig falschen Vorstellungen eine gefährliche Reise zu einem fremden Kontinent auf sich nehmen und erhoffen, im gewünschten Land ein besseres Leben vorzufinden. Bei diesen erwarteten Vorstellungen wird eine schwere Enttäuschung vorprogrammiert sein, auf die diese Menschen nicht vorbereitet sind. Dankbarkeit kann dann schnell in Hass und Aggression umschlagen.

Diese Menschen sind überwiegend in unseren Arbeitsprozess nicht integrierbar. Und dass man sie mit Hilfsmaßnahmen für Europa „tauglich" machen könnte, ist ein frommer Wunsch, der nicht klappen wird. Sie sind deshalb nicht integrierbar, weil die Voraussetzungen für ein westliches Leben völlig fehlen, was auch nicht mal auf die Schnelle beseitigt werden kann.

Die Nordafrikaner kommen also meist nicht aus Kriegsgebieten, sondern aus verarmten Regionen, die von korrupten Machthabern regiert werden. Unsere Hilfsgelder, die wir ihnen im Rahmen von Auslandshilfen überweisen und die für die Beseitigung von Missständen wie Schulbildung, Berufsausbildung, Gesundheitsfürsorge, Geburtenregelung und vieles mehr gedacht sind, nehmen die jeweiligen Regierungen zweckentfremdet nahezu als Selbstverständlichkeit an, stecken es aber ins Militär, um ihre Macht zu sichern oder leiten das Geld in ihre privaten Schatullen.

Wenn argumentiert wird, dass unter diesen Flüchtlingen Tausende sind, die unser Land wieder verlassen, dann muss man diese Aussage kritisch hinterfragen. Statt mit Fake-News Augenwischerei zu betreiben, sollten klare Aussagen auf den Tisch gelegt werden. So reisten im Jahre 2015, wo über eine Million Flüchtlinge zu uns kamen, 21.527 in den ersten 9 Monaten wieder aus. Das sind gerade mal 2%. Welches unschöne Spektakel veranstalteten die Linksprogrammierten kürzlich, als im Dezember 2016 lediglich 34 Afghanen abgeschoben wurden, die zu einem Teil in unserem Land kriminell geworden waren und ihr Bleiberecht verwirkt hatten.

Das Elend ist für diese Menschen auch bei uns vorprogrammiert, und in ihrer Heimat bleibt es ohnehin, wie es ist. Unsere Hilfen sind zum Scheitern verurteilt. Was kann man tun? Eine Möglichkeit wäre, die Geldhähne zuzudrehen, wie es kürzlich der äthiopische Prinz Asfa-Wossen Asserate, der in Frankfurt seit Jahrzehnten lebt, vorschlug. Hunger (in jeder Form) führte und führt oft zum Sturz von Regimen. So aber bleiben die Systeme bestehen und der Hunger auch. Mehr kann man nicht tun.

Unsere scheinheilige „Fürsorge“ mit unseren Hilfsgeldern, mit dem man nur das Gewissen entlastet, hat nachweislich in den zurückliegenden Jahren keine Hilfe in ihre Lebensverhältnisse gebracht.

Die meisten Menschen dürften wohl kein Problem damit haben, sich mit all diesen beklagenswerten Menschen zu solidarisieren. Doch löst man das Problem nicht, indem man alle aufnimmt und damit neue Probleme schafft, die wir bereits mit ihnen zur Genüge haben.

Nehmen wir diese Menschen, die zu Tausenden, es sind in Wirklichkeit Millionen, zu uns drängen auf, dann entsteht ein sehr großes Problem. Ein Teil landet in unseren Sozialsystemen, ein anderer Teil rutscht in die Kriminalität ab, und nur ein geringer Teil ist zu integrieren. Alle wollen aber auch an unserem Wohlstand teilhaben. Und das geht bei den vielen Illegalen, nicht erfassten und ungeeigneten Flüchtlingen nur über illegale Aktivitäten. Kriminelle Handlungen wie Überfälle, Einbrüche und die Zunahme von Drogenszenen sind die Folge. Die Kriminalitätsrate wird unaufhaltsam steigen, was jetzt schon anhand von Zahlen zu belegen ist. Auch die Staatsausgaben zur Eindämmung der Kriminalität wurden deutlich aufgestockt, was ebenfalls auf die Zunahme der Kriminalität hinweist. Aufgabe einer Regierung ist es aber, sein Volk zu schützen, was sie aber nicht mehr gewährleisten kann.

Professorale Kriminalexperten treten in Talkshows auf und verbreiten die Meinung, dass die Kriminalstatistik der Flüchtlinge gegenüber den deutschen nicht größer sei. Sie verschweigen aber, dass die prozentuale Zahl von Kriminalfällen bei einer Million Flüchtlinge im Vergleich auch nur zu einer Million Deutscher deutlich größer sein muss. Der Vergleich von einer Million Flüchtlingen zu 80 Millionen Deutsche ist eine Verzerrung der Realität.

Ein anderes Flüchtlingspotential kommt aus dem Vorderen und Nahen Osten. Aber nicht überall, wo lokale Brandherde wüten, flüchten ebenfalls Menschen von dort zu uns. Das ist ein noch gefährlicheres Potential, denn es sind meist gläubige Moslems, die ihren Glauben überzeugt und oft fanatisiert praktizieren. Die Bildungssituation ist bei denen sicher etwas besser als bei den Afrikanern, was bedeutet, dass davon ein etwas größerer Teil integriert werden kann. Sind sie aber erst einmal eingebürgert, dann entstehen erneut Schwierigkeiten in Form islamischer Gettos, mit denen unsere Politik sehr wohlwollend umgeht. Die zu erwartenden Auswirkungen erfährt man dann immer erst im Nachhinein.

Eines ist aber klar: Wir nehmen viel mehr auf als wir von denen in einen Arbeitsprozess bringen können. Das bedeutet, dass das Erwirtschaftete gegenüber dem immer größer werdenden sozialen Bedarf schrumpft. Verelendung und Armut eines Volks ist die Folge. Die Reichen trifft man damit nicht, denn die haben immer genug. Es sind die unteren Schichten, die das zu spüren bekommen werden. Und das schafft erneut Konfliktpotential. Das sollten sich all jene klar machen, die das Soziale auf ihre Fahnen geschrieben haben.

Man muss auch wissen, dass mit den Flüchtlingen aus allen Kriegsgebieten gleichzeitig auch deren Probleme ins Land gebracht werden.

Unter die Flüchtenden haben sich auf der anderen Seite auch radikalisierte Islamisten gemischt, die Anschläge planen und planten, Gesinnungsgenossen rekrutierten und rekrutieren, um unserer Gesellschaft zu schaden, wenn nicht sogar einen Gottesstaat im Staate errichten wollen. Bundesweite Razzien hoben bereits jetzt solche Nester aus, obwohl wir erst am Anfang einer Entwicklung stehen. Die Kosten, die dabei entstehen, werden ebenfalls zu Buche schlagen. So erfolgte kürzlich ein Einsatz mit 1000 Polizisten. Davor stand der Betreffende schon 14 Tage lang rund um die Uhr, mit einem Aufwand von 140 Polizisten, unter Beobachtung. Das ist also nur ein Einzelfall, für den der Steuerzahler aufkommen muss.

Und dass ein Quereinsteiger von den Asylanten beim BND als Mitarbeiter landete, dann aber enttarnt wurde, ist eine kaum noch zu toppende Peinlichkeit, die unserem Geheimdienst passierte. Wie man damit umgeht, sollte bedenklich stimmen, denn es wird nicht bei einem Einzelfall bleiben, wenn schon beim BND solche Überprüfungspannen passieren.

Eine andere Panne passierte der Einwanderungsbehörde kürzlich auch mit einem Afghanen, der in Freiburg eine Studentin tötete, nachdem er sie zuvor vergewaltigt hatte. Dieser Zugewanderte reiste über Griechenland ein, wo er ebenfalls eine junge Frau vergewaltigt hatte. Sie überlebte, so dass der Täter schnell ermittelt und zu 10 Jahren Haft verurteilt werden konnte. Nach seiner vorzeitigen Entlassung verschwand er aus Griechenland und reiste als Asylsuchender nach Deutschland ein, wo er dann in Freiburg erneut straffällig wurde. Das macht deutlich, wie mangelhaft das Kontrollsystem in unserem Land und zwischen den EU-Staaten ist.

Ein weiteres Problem wird auf uns zukommen, was den Nachwuchs betrifft. Unsere aussterbendes Volk wird, weil wir zu wenig Kinder zur Welt bringen, durch einen muslimischen Kindersegen ersetzt. Muslime von Nahost bekommen etwa doppelt bis dreimal so viele Kinder wie wir. Auf dem schwarzen Kontinent sind es fünf bis sieben Kinder pro Familie. Diese Bevölkerungsexplosion dort, die vermehrt mit Hunger verbunden ist, wird von unseren Regierungen und den kirchlichen Einrichtungen sehr einfältig mit Nahrungsmittelspenden versorgt, statt hier eine Geburtenkontrolle mit allen Mitteln und Möglichkeiten herbeizuführen. Auch diese Familien suchen einen Platz in Europa.

Das bedeutet, dass unsere junge Generation allmählich durch eine moslemische ersetzt wird. Und das wird in einem relativ kleinen Land mit einer hohen Bevölkerungsdichte Einfluss nehmen auf unsere Lebensart, auf unsere Kultur, auf unseren Bildungsstand, auf unsere Politik und Demokratie. Fundamentale Veränderungen sind zu erwarten und unsere Politik steht dieser Entwicklung entweder wohlwollend gegenüber oder erkennt die grundlegenden Veränderungen nicht, die unser Land treffen werden.

Wir wissen, dass der Mensch nicht allein durch seine Gene geprägt ist, sondern im Laufe des Lebens noch durch die verschiedensten Umwelteinflüsse geformt wird. Die Umwelt drückt dem Gensystem einen Stempel auf, der schwer oder gar nicht mehr zu verändern ist, und der teilweise auch vererbt wird. Das ist Inhalt der Wissenschaft Epigenetik. Wer also im Islam aufgewachsen ist, bleibt zeitlebens so geprägt. Und da selbst epigenetisch geprägte Eigenschaften auch vererbbar sind, würde es Generationen dauern, bis der „islamische Genpool" durch einen „europäischen" ersetzt würde. Es ist also nicht damit zu rechnen, dass der Genschalter bei den jugendlichen Flüchtlingen innerhalb einer Generation schnell mal umgelegt werden kann.

Das Umlegen des Genschalters, also ein Umdenken hin zu einer freiheitlich offenen Gesellschaft, wird noch zusätzlich durch folgende Tatsache erschwert. Wenn man bedenkt, dass in den vielen Moscheen in unserem Land die Lehren des Islam als einzige Wahrheit, die über jeder Ordnung steht, fortgesetzt in die muslimischen Köpfe eingetrichtert wird, was verständlicherweise diese Gemeinden zusammenschweißt, dann rückt das Zusammenkommen des Islam gegenüber unserer Gesellschaft eher weiter auseinander.

Nach den Angaben des Zentralinstituts Islam-Archiv in Soest wies es 2008, also vor fast zehn Jahren, bundesweit 208 Moscheen und etwa 2600 Bethäuser und ungezählte „Hinterhofmoscheen" aus, und 120 Moscheen seien in Planung bzw. in Bau. Darin zeigt sich ein ganz anderes Verhältnis von Moslems zu ihren Orten des Gebets als die christlichen Kirchen zu ihren Mitgliedern haben. Dort wird verkündet, was im Namen Allahs richtig und falsch ist. Dort wird dem Moslem bei jedem Freitagsgebet vor Augen geführt, dass unsere Gesellschaft für sie inakzeptabel ist. So werden die Eingewanderten von einer Integration in unserem Land eher ferngehalten statt sie zu fördern.

Bedenkt man, dass selbst hier geborene Migrationskinder alle ihre geflüchteten Landsleuten aufnehmen würden, um ihren Religionskreis zu vermehren, dann zeigt das doch, wie selbst zwischen der deutschen Bevölkerung und den „Migrationsdeutschen" die Interessen verteilt sind. Wenn zum Beispiel die Deutsch-Syrerin Lamya Kaddor in einem Zeitungsinterview sagt, dass die Deutschen eine Bringschuld für die Integration von Einwanderern hätten, dann rücken doch ethnische Interessen gegenüber Staatsinteressen in den Vordergrund.

Die halbherzigen Stellungnahmen oder das Schweigen zu den gesamten damit verbundenen Problemen ist doch ein Zeichen dafür, wie wenig Gemeinsamkeit zwischen unseren realen Befürchtungen und der islamischen Entwicklung in unserem Land besteht. Selbst beim Terror wird geschwiegen.

Längst überfällig kam bei den Migranten jetzt eine Aktion in Köln zustande, die ein Zeichen nur gegen den islamistischen Terror setzen sollte. Man hatte mit 10 000 Teilnehmern gerechnet. 2000 sind erschienen. Die DITIP-Anhänger sagten ihre Teilnahme ab. Dieses Häuflein macht gerade einmal 0,03% der hier lebenden Muslime aus und zeigt, wie sie „geschlossen" zu all den „importierten Problemen" stehen.

Selbst die doppelte Staatsbürgerschaft ist ein Hindernis, neben weiteren, auf dem Weg zur Integration. Diese kann ein Staat nur in Ausnahmesituationen gewähren aber nicht so, wie es die rot-grüne Parteienlandschaft mit großzügiger Integrationseuphorie getan hat. Aus der augenblicklichen Situation mit der Türkei bezüglich der doppelten Staatbürgerschaft hat man hoffentlich die Lehre gezogen, dass hierbei zusätzliche Probleme ins Spiel kommen.

Der Islamwissenschaftler Hamed Abdel-Samad schreibt in seinem Buch „Der Islam" *Selbst in westlichen Gesellschaften lebende Muslime hat der Prophet fest im Griff* (Droemer, 2015).

Nicht allein die epigenetische Prägung der Muslime ist ein Faktor, der Einfluss auf unsere Gesellschaft nimmt. Inzwischen wird auch immer deutlicher, dass bestimmte Gruppen oder Personen aus den jeweiligen Heimatländern Einfluss auf ihre Landsleute bei uns ausüben. Das wird uns derzeit ziemlich ungehemmt von Recep Erdogan vorgeführt. Zudem werden Deals mit Ausländern geschlossen, die eine Abhängigkeit schaffen und dann als Druckmittel benutzt werden, um Einfluss auf unser Handeln zu nehmen.

Und noch ein Nachteil stellt sich für unser Land ein. Das unqualifizierte experimentieren am Schulsystem (z. B. Inklusion) einerseits und die vielen im Wissensstand deutlich zurückliegenden ausländischen Kinder in den Schulklassen andererseits (in manchen Klassen sind bis zu 80%! Kinder mit Migrationshintergrund) führen zu einem messbaren Sinken des Bildungsniveaus. Das ist trotz aller gegenteiligen Behauptungen Fakt. Bildung war ursprünglich unser Kapital, das uns in der Welt eine Spitzenposition eingeräumt hat. Nun geht auch das verloren.

Dass sich dennoch an unseren Universitäten immer mehr Studenten einschreiben, darf nicht dahingehend ausgelegt werden, dass wir immer schlauer werden, sondern, dass das Bildungsniveau immer weiter heruntergeschraubt wird, damit immer mehr die Hochschulreife erlangen. Ein naturwissenschaftlicher Hochschulprofessor sagte mir in diesem Zusammenhang vor nicht allzu langer Zeit, dass die Hälfte seiner

Studenten nicht auf die Universität gehört, weil sie schlechte schulische Voraussetzungen mitbrächten.

Haben die Zugewanderten aber erst einmal Fuß gefasst, dann fallen die Gründe von materieller Not weg und ihre kulturell-religiösen Wurzeln treten in den Vordergrund, wobei sich Forderungen ergeben werden, die man bei diesem Hintergrund nicht zimperlich einfordern wird und die man ihnen großzügig gewähren wird, um sich nicht dem Vorwurf der Ausländerfeindlichkeit auszusetzen und um nicht mit dem Begriff der Religionsfreiheit in Konflikt zu geraten.

Wenn man sieht, welches Gewaltpotential besonders in den afrikanischen und afghanischen Flüchtlingen steckt (man sehe nur, wie man das Bleiberecht, in einem fremden Land wie in Calais, Ceuta und auch bei uns, erzwungen hat und erzwingt) oder wenn die Kriminalstatistiken einen deutlichen Aufwärtstrend zeigen, dann sind doch wohl Bedenken gegenüber dieser unserer Politik angebracht.

In Berlin werden Taschendiebstähle nicht mehr geahndet, weil man die Täter nicht mehr fasst und wenn ja, dann keine Handhabe gegen sie hat. Sie fallen aus der aktuellen Kriminalstatistik ganz heraus. Dazu kommt noch eine nicht zu unterschätzende Dunkelziffer. Oder wenn in Frankfurt Polizisten sich kaum noch in das Bahnhofsviertel wagen (Ebene B), wo eine marokkanische Drogenszene ihr Unwesen treibt, dem sie nicht mehr Herr werden, dann kapituliert ein Land vor diesen Problemen bereits heute, erst am Anfang einer Entwicklung. Wie wird es sein, wenn sich diese Entwicklung fortsetzt? Und das wird sie. Was gedenken wir zu tun, statt zu hoffen, dass es allmählich zu einem Anpassungsprozess kommen wird? Währet den Anfängen. Aber davon ist bei unserem politischen Schmusekurs nichts zu erkennen.

Kürzlich wurde in den Medien in diesem Zusammenhang ein Vergleich zu Hitler gezogen. Seine Macht kam nicht durch einen gewaltsamen Umsturz zustande, sondern ging kampflos von der Straße aus (siehe PEGIDA). Es ist also von unseren Politikern sehr kurz gedacht, dass sich Gegenbewegungen und andere Meinungen totlaufen werden. Mit der Zunahme von Flüchtlingen wird das Problem an Brisanz ohne Frage auch zunehmen. Man muss dem etwas Handfestes entgegensetzen und nicht nur, dass diese „Aufbegehrer“ nichts zu bieten haben außer populistische Parolen. Aber diese beinhalten immer einen Kern Wahrheit, der im Volke zündet.

Die über viele Jahre gehegte Pflanze Demokratie wird nicht nur bei uns, sondern in ganz Europa im Spannungsfeld zwischen Islamismus und Populismus zerdrückt werden. Dass man sich bei Wahlen dabei auf das Volk verlassen könnte, weil Vernunft ihnen innewohnt, ist ein weitverbreiteter Irrglaube, dem unsere Politiker aufsitzen. In neuerer Zeit hat die Wahl von Donald Trump in Amerika gezeigt, dass sich das unerwartet ändern kann, obwohl die demographischen Prognosen etwas anderes vorausgesagt hatten.

Statistische Prognosen stützen sich immer auf eingefahrene Verhaltensmuster. Wenn diese unberechenbar werden, werden auch die statistischen Aussagen unzuverlässig.

Nachdem Westeuropa 70 Jahre in Frieden lebte, was einmalig in unserer Geschichte ist, und wir inzwischen glauben, dass das so bleiben wird, kommt nun ausgerechnet ein Amerikaner, der uns sagt, dass wir nicht weiter die Hände in den Schoß legen dürfen, um es uns gut gehen zu lassen, während andere in einer fragilen Welt für Stabilität sorgen sollen. Das tat bislang die Großmacht USA. Für uns war sie eine Schutzmacht. Das könnte sich ändern. Immerhin steht Donald Trump auf dem Standpunkt, dass die Europäer für ihre eigene Sicherheit selbst Sorge tragen sollten. Bei seinem einfältigen elefantischen Vorgehen könnte aber auch die NATO Schaden nehmen. Das würde bedeuten, dass wir in Europa uns selbst verteidigen müssten, falls Angreifer, in welcher Form auch immer, uns bedrohten. Sind wir dazu überhaupt in der Lage? Die Amerikaner wollen zukünftig nicht die Kohlen für uns aus dem Feuer holen, so sein Tenor, wenn es in Europa brennen sollte. Dass wir keine Feinde hätten, dass es hier zu keinem Krieg kommen könnte, das glauben in unserer bewegten Zeit wohl nur noch einige schlichte Philanthropen. Wenn du den Frieden willst, bereite dich auf Krieg vor, bekommt wieder einen Sinn.

Karl Zuckmayer schrieb in seinem Buch „Als wär's ein Stück von mir": *Einen Kriegsausbruch wie den von 1914 wird es in der Weltgeschichte nicht mehr geben. Wenigstens nicht im Umkreis der uns bekannten abendländischen Welt.* Er irrte. Nach nur zwei Jahrzehnten kam der 2. Weltkrieg.

Unabhängig von Trump wird in Amerika auf unsere derzeitige Politik kritisch geschaut und auf Gefahren hingewiesen, die der Islam mit sich bringt. Amerika selbst hat seit jeher, nicht nur mit den christlichen Mexikanern Erfahrungen gemacht, sondern auch in großer Zahl Emigranten aufgenommen, die vor der Tötungsmaschinerie der Nazis geflohen waren. Sie haben also auch Erfahrungen in Flüchtlingsfragen. Nicht ohne Grund sind dadurch ihre strengen Einreisebedingungen entstanden.

In der renommierten und unpolitischen Zeitschrift *National Geographic* macht man sich Gedanken über die aktuellen Entwicklungen in Europa. Die Titelseite vom November 2016 brachte ein eindeutiges Bild, das uns zeigen soll, wie THE NEW EUROPEANS aussehen könnte. Das Titelbild will eindeutig auf die Islamisierung unseres Kontinents hinweisen.

Hier wird man unliebsame Maßnahmen treffen müssen, um unsere Identität und unsere Grundwerte zu schützen, es sei denn, man nimmt Veränderungen in Kauf, mit denen erst spätere Generationen fertig werden müssen. Wir sind also Gefahren in doppelter Hinsicht ausgesetzt, Gefahren von innen und von außen.

Man kann auch nicht das Gastarbeiterproblem in den sechziger und siebziger Jahren als Vergleich heranziehen, um zu beweisen, dass damals die Schwierigkeiten auch bewältigt wurden. Das waren in erster Linie Menschen, die aus dem christlichen Abendland kamen, eine vergleichbare Kultur und einen gemeinsamen Glauben besaßen. Jetzt sind es Menschen von einem anderen Kontinent, die einer anderen Kultur entstammen und einem anderen Glauben angehören, andere Lebensgewohnheiten haben und über andere Verhaltensmuster verfügen. Das kann man mit damals nicht vergleichen. Wie haben sich in dieser Zeit die Italiener, die Portugiesen, die Spanier und die in den fünfziger und sechziger Jahren ebenfalls eingewanderten Türken integriert? Die einen leben inzwischen mit uns, die anderen unter uns. Von den Türken ist einigen die Integration gelungen, meist sind es die, die hier geborenen wurden. Der große Rest bildet doch nach wie vor eine Parallelgesellschaft.

In diesem Zusammenhang wiederhole ich, was der Harvardprofessor Georges Borjas sagte, dass es in der Tat einen Unterschied mache, wenn Flüchtlinge aus islamischen Ländern kommen. Wer das nicht sehe, verschließe seine Augen. Wann werden wir die Augen öffnen und erkennen, dass uns der Islam einen Großteil Probleme schafft, in die wir bereits stecken?

Es ist auch keine Frage, dass eine Minderheit Unruhen herbeiführen kann. Und die werden kommen, wenn wir weiter so lasch mit Straffälligen umgehen. Ein jeder Ausländer, der sich hier aufhält, hat zunächst keine Forderungen zu stellen, besonders wenn das Gastland seinen Lebensunterhalt bestreitet und auch sonst nicht. Er ist verpflichtet, sich rasch unseren Standards sprachlich und mit seiner Arbeitskraft anzupassen, damit er in das Erwerbsleben integriert werden kann. Wer das nicht erfolgversprechend tut, verliert sein Bleiberecht, denn dann hält er sich nur als

Nehmer auf Kosten der Geber auf. Und Asylsuchende können nur solange bleiben bis ihr Land befriedet ist. Danach müssen sie wieder ohne wenn und aber zurück, um sich am Aufbau ihres Landes aktiv zu beteiligen. Und wer hier bleiben möchte, muss auch etwas zu bieten haben, wenn man die Demographie ins Spiel bringen will. So sind die Gesetze in vielen zivilisierten Staaten.

„Jetzt bist du da, man hat dir die Hand zum Willkommen gereicht, dich auf die Schulter geschlagen, dich aufgenommen – nun sorge für dich selbst.“ So erfuhr Carl Zuckmayer sein Schicksal als Emigrant 1939 in Amerika.

Bei uns trifft der unversöhnliche Islam nur auf Ungläubige, deren Kultur geschweige deren Religion er nicht akzeptieren kann, umso weniger als wir zu unserer nicht mehr stehen und auch Traditionen als überholt abtun (Es wurde in diesem Zusammenhang sogar angedacht, auf das weihnachtliche Drumherum zu verzichten, um die Muslime nicht zu beleidigen. Das ist immerhin das wichtigste Fest des christlichen Abendlands!). Ihre Rechte und Forderungen räumen aber bestimmte politische Richtungen diesen Zugewanderten großzügig ein und geben damit unsere über Jahrhunderte gewachsenen kulturellen, christlichen und demokratischen Errungenschaften preis. Parallel dazu lassen die Moslems ihre islamischen Sitten und Gebräuche und auch ihre Denkweisen in unsere Kultur einfließen. Diese Lage wird zunehmen und zu einer Verhaltens-Instabilität führen, weil blauäugig und darüber hinaus konzeptlos die Verantwortlichen mit der neuen Situation umgehen. Unzufriedenheit und Unruhen werden die Folge sein. Obwohl dieser Weg bereits vorgezeichnet ist, wollen ihn unsere Politiker nicht sehen, weil sie in der Vielfalt eine Bereicherung der „Einfalt“ sehen. Oder sie sehen die auf uns zukommenden Probleme, finden aber keine akzeptable Lösung.

Man kann doch nicht glauben, dass die vielen friedlichen Zuwanderer, sind sie erst einmal aufgenommen, dann noch friedlich in unserem Sinne bleiben, wo sie doch auf Schritt und Tritt mit unserer gesellschaftlichen Lebensphilosophie in Konflikt geraten müssen, weil sie meist nicht ihre Erwartungen erfüllt sehen. Bei diesen Konflikten wird doch niemand glauben, dass in aufgeladenen Situationen auch die vielen schweigenden Glaubensbrüder weiterhin schweigen werden. Sie werden ihren Glaubensbrüdern beistehen, sich zusammentun und gemeinsam eine nicht zu unterschätzende Macht im Staate bilden, denen wir nichts mehr entgegenzusetzen haben.

Mit dieser Infiltration von Muslimen werden wir Zustände bekommen, wie wir sie in Nahost, Nordafrika und vergleichbaren Ländern beobachten: Auseinandersetzungen innerhalb eines Landes. Das alles ist nur möglich, weil wir keine Identität mehr erkennen lassen, über keinen nationalen Charakter mehr verfügen und glauben, dem eingeladenen Gast müsse man jeden Wunsch erfüllen, damit wir ihn von der Qualität unseres Systems überzeugen, um ihn so zu gewinnen. Er bereichere zudem unsere Gesellschaft. Tut er das wirklich?

Hier sollten wir uns ein Beispiel an den Engländern, Österreichern und Ungarn nehmen, die das auf uns zukommende Problem erkannt haben. Stattdessen stellen wir sie an den Pranger, machen uns zu den Guten und sie zu den Schlechten. Das ist Moralisierung. Sie wollen ihr Land vor grundlegenden Veränderungen schützen. Sie versuchen, ihre jeweilige Identität zu bewahren, statt zuzulassen, dass der Westen sich selbst in islamische Verhältnisse hineinmanövriert.

Obwohl Ungarn aber auch Österreich durch drastische Maßnahmen dafür sorgten, dass die Flüchtlingszahlen auf der Balkanroute stark zurückgingen, tut unsere Politik inzwischen so, als sei das ihr Verdienst, was auch dem Erdogan-Deal geschuldet sei. In Wirklichkeit verdanken sie es den genannten Ländern, die sie als die Bösen brandmarken.

Es sollte auch zu denken geben, dass das politische Spektrum, das die geringste Affinität zu einem Glauben hat, die größten Befürworter der muslimischen Zuwanderung sind.

Der Deutsche neigt dazu, alles zu bewundern, was von außen kommt. Er freundet sich mit anderen Identitäten schneller an als andere Länder. Über viele Jahre waren wir auf der amerikanischen Welle. Wir übernahmen ihren lockeren Lebensstil, kleideten uns leger wie sie, sangen ihre Lieder, texteten nur in ihrer Sprache und so fort. Wir vergaßen unsere Kultur, amerikanisierten. Jetzt ändert sich das Blatt allmählich in eine andere Richtung.

Wir bekommen Flüchtlinge mit einem festgemauerten Glauben. Christen werden zu einem Besuch – nicht ohne Hintergedanken – in Moscheen eingeladen, wo sie eine andere Seite der Glaubenden erleben, nämlich eine Hingabe bei vollen Häusern. Die evangelische Kirche plant gemeinsame Gottesdienste mit Andersgläubigen, sprich Muslime. Wir bewundern ihr Gottvertrauen. Wer keinen Glauben mehr hat, bewundert immer den anderen, der noch glauben kann. Und ein islamischer fließt sukzessive nach Europa ein. Den Moslems wurde durch unsere Willkommensaufforderung bereits ein widerstandsfreier Platz eingeräumt, der nicht ohne Folgen geblieben ist und bleiben wird. Die oben angerissene Geschichte der Muslime, bedenkt man nur die letzten hundert Jahre, sollte uns aber zu denken geben.

Und das linke Spektrum in unserer Gesellschaft ist besonders prädestiniert für die Missachtung der eigenen Kultur, der eigenen Werte und unseres Glaubens sowieso. So las ich in der Zeitung, noch bevor der neugewählte sozialdemokratische Bürgermeister in Berlin seine Arbeit aufgenommen hatte, dass im Koalitionsvertrag die Stadt Berlin sich in den schönsten Regenbogenfarben selbst darstellte (ausgerechnet Berlin), das Wort Christentum oder Kirche nicht erwähnte, dafür umso öfter den Islam benannte.

Aufgewachsen in islamisch regierten Staaten, an die grundverschiedenen Lebensweisen gegenüber unserer westlichen Welt, gewöhnt an die Sharia, dem einzig akzeptierten Gesetz der Muslime, die Bedeutung der Ehe in diesen Völkern, die Bedeutung der Frau in dieser Religion, das Heiraten von Minderjährigen, fehlender Respekt vor dem Leben eines Ungläubigen und noch vieles mehr, wird allmählich zu Forderungen führen, wovon unsere Richter schon vereinzelt einen Vorgeschmack erhalten und aus bekannten Gründen nachgegeben haben. Damit wird unsere Rechtsgrundlage nach und nach untergraben und unsere Identität und die Gesetzeslage der islamischen angepasst.

Manche Rechtsanwälte, die Muslime vertreten, kann man in ihrem Eifer oft nur noch begrenzt verstehen. Teilweise sind es Juristen mit Migrationshintergrund mit einem deutschen Pass. Auch arbeiten manche aus vordergründigen Motiven, wenn sie sich massiv für die Fremden einsetzen. Sie sehen darin eine Einnahmequelle, wie auch die Ärzte, die Atteste ausstellen, damit Betroffene nicht abgeschoben werden können. Das kann nicht als Beleg herangezogen werden, dass eine Zustimmung zu diesen Veränderungen besteht. Gewinnstreben versteckt sich unter dem humanitären Mantel.

Es wird sehr lange Zeit dauern, bis sich ein demokratisches Bewusstsein in den muslimisch regierten Ländern unter der Bevölkerung gebildet haben wird. Das muss dann auch stark genug sein, um sich gegen die Diktaturen erfolgreich zu erheben. Das bedeutet aber auch, dass eine Hinwendung zur Demokratie nur durch eine Abkehr vom Islam als Staatsform – Trennung von Kirche und Staat – möglich ist. Wie wahrscheinlich wird das aber in diesem Jahrhundert sein? Bis dahin werden wir wohl oder übel die islamische Staatsform in den jeweiligen Staaten akzeptieren müssen, denn nicht wir können Veränderungen herbeiführen, diese müssen vom eigenen Volk ausgehen. Auf keinen Fall darf akzeptiert werden, dass sie unseren Kontinent damit infiltrieren.

Solange der Islam eine unversöhnliche und intolerante Religion bleibt, solange er unsere Schwächen ausnutzt und benutzt, solange gehört er nicht zu uns, solange wird er uns Probleme schaffen. Solange er sich in unsere demokratische Staatsform hineindrängt, solange gehört er nicht zu uns, denn er ist weder mit unserem Grundgesetz, noch mit den Menschenrechten und mit unseren demokratischen Freiheiten zu vereinbaren. Das ist doch letztendlich der Grund, so sehr man das auch zu leugnen versucht, weshalb zwischen dem Westen und dem Islam die vielen Probleme, die uns täglich begegnen, entstanden sind.

Der Islam ist aufgrund seiner Verschiedenheit gegenüber anderen Religionen speziell in der Frage Kirche und Staat für eine Anpassung und Versöhnung nicht bereit. Das erkennt man in einem jeden Land, wo er sich ausgebreitet hat. Ihr Glaube verhindert, ja verbietet geradezu eine Integration. Überall dort, wo er Einzug gehalten hat, existieren Parallelgesellschaften. Ihre Religion verhindert bei gläubigen Moslems, dass sie sich uns anpassen. Sie erwarten eher von uns, dass wir das tun.

Ein Mensch zählt für die jeweilige sunitische bzw. schiitische Religion nur, wenn der Mensch Sunite oder Schiite ist. Das sollte man endlich einmal zur Kenntnis nehmen statt sich die spitzfindigen Erklärungen der Muslime anzuhören, die diese Tatsache herunterspielen.

Es gibt inzwischen eine Minderheit von muslimischen Migranten, die unsere Gesellschafts- und Staatsform akzeptieren und sich ihr angepasst haben. Davon gibt es erfreulicherweise so manche Beispiele. Ihren Glauben leben sie so aus, wie die Christen nach ihrem Motto *Gebet dem Kaiser, was des Kaisers ist und Gott, was Gottes ist* (Matthäus 22:21). Diejenigen, für die der Glaube keine Lebensleitlinie ist, haben und hatten damit sowieso nie Probleme. Diese gelungenen Beispiele einer Integration verschwinden jedoch in der Masse der übrigen Zugewanderten.

Ich bin kein Islamexperte, sehe aber, wie er praktiziert wird, sehe, wie er weltweit praktiziert wird. Seinen Handlungen sind immer religiös motiviert. Mit dem Praktizieren meine ich nicht allein den IS. Der *praktizierte* Glaube ist aber für die Beurteilung der Muslime, besonders im Rahmen ihrer Integration, von ganz entscheidender Bedeutung, denn nur durch seine Handlungen teilt er sich uns hautnah mit. „An ihren Taten sollt ihr sie erkennen“ (1. Johannes 2,1-6).

Wenn ein Moslem sagt, *Es gibt keinen Gott außer Gott,* meint er damit, es gibt keinen Gott außer seinem Gott, es gibt kein Gesetz außer seinem. Mit dieser Aussage legt er fest, dass nur er über die Wahrheit durch seinen Gott verfügt, während die anderen einer unwahren Religion anhängen und andere wiederum nur weltlichen Regeln folgen. Sie alle sind Ungläubige. Und diejenigen, die keiner Religion angehören, sind in ihrem Denken sowieso nur in die unterste Kaste einzureihen. Daraus lassen sich ihre sichtbaren Reaktionen ableiten. Das sind zudem die ersten Anzeichen, mit denen sie ihre religiösen Inhalte in unsere staatliche Ordnung einfließen lassen.

Mit dieser anmaßenden Haltung präsentiert sich der Islam nicht als interpretationsbereite Religion. Und damit bin ich wieder am Anfang angelangt, wo ich im zweiten Kapitel dieses Buchs auf die menschlichen Reaktionsmöglichkeiten mit den psychologischen Eigenschaften wie dem Beharren, der Toleranz, die Bereitschaft, sich überzeugen zu lassen u. a. m. eingegangen bin. Diese Eigenschaften sind bei Muslimen so fixiert, dass Wandlungen, zumindest in absehbarer Zeit, nicht zu erwarten sind.

Die Hinwendung zur Demokratie ist aber nur durch eine Abkehr vom Islam als Staatsform – Trennung von Kirche und Staat – möglich. Erst dann wird der Islam auch zu uns gehören können. Eine solche Entwicklung ist allerdings nur in ferner Zukunft vorstellbar. Bis dahin wird man wohl oder übel die bisherigen Staatsformen in den jeweiligen Ländern mit ihren Herrschern akzeptieren müssen, nicht aber, dass diese ihre Vorstellungen auch in unser Land getragen werden.

Zieht man ein Resümee nur der letzten eineinhalb Jahre, was würde wohl der Gutmensch dem Andersdenkenden bezüglich der Zuwanderung islamisch geprägter Flüchtlinge sagen? Es dürfte nicht viel Positives sein, was er vorzubringen hat. Selbst der Linkste in unserer Gesellschaft kann nicht leugnen, dass uns der Zuzug von Muslimen bisher eine Instabilität der politischen Ordnung, Spaltung unserer Gesellschaft, Unruhen, Terroranschläge und eine Zunahme der Kriminalität gebracht hat. Auf die Milliarden Euro, die der Staat in den kommenden Jahren aufbringen wird, um das Flüchtlingsproblem auf materieller Ebene einigermaßen zu lösen, sei zudem noch hingewiesen.

Wenn sich der Zuzug in den kommenden Jahren verdoppeln sollte, werden sich natürlich auch rechnerisch die genannten Belastungen und Probleme verdoppeln. Was das bedeutet, lässt sich erahnen. Die inzwischen entstandenen sind schon genug. Und als Einzelfälle kann man sie nun nicht mehr abtun.

Unsere Entwicklung zielt also in zwei Richtungen: entweder driften wir in Richtung einer Islamisierung ab, wovon wir bereits einen Vorgeschmack erhalten haben (türkische Präsidialordnung) und worauf die augenblickliche Situation hinauszulaufen scheint, oder wir entwickeln uns in eine rechtsorientierte Staatsordnung, die sich aus der großzügigen politischen Willkommenskultur generieren wird. Beide werden versuchen, eine Ordnung nach ihren Vorstellungen herzustellen. Und das bedeutet über kurz oder lang: Islam gegen den Westen oder die Ungläubigen gegen den Islam. Darin steckt in jeder Konstellation Aggressionspotential. Und globale Aggressionspotentiale führen niemals zu einem friedlichen Miteinander geschweige zu einem harmonischen Nebeneinander, speziell dort nicht, wo der Islam ins Spiel kommt.

Kurzbiographie

Geboren 1940 in Böhmen. Nach dem 2. Weltkrieg Vertreibung. Danach zunächst ansässig in der ehemaligen DDR. Abitur in Torgau. Danach Flucht in die BRD. Medizinstudium in Heidelberg, Berlin (FU), Marburg und Würzburg. Promotion 1967. Ausbildung zum Facharzt für Neurologie und Psychiatrie in den jeweiligen Kliniken der Universität in Würzburg. Von 1974 bis 1999 leitender Oberarzt und Abteilungsarzt für klinische Neurophysiologie an der Neurologischen Klinik in Darmstadt. Von 1999 bis zum Eintritt in den Ruhestand 2005 leitender Oberarzt an den Main-Taunus-Kliniken in Hofheim/Bad Soden. Verheiratet, 2 Kinder.

Printed by Books on Demand GmbH, Norderstedt / Germany